Klaus Schwantes

Das professionelle 1x1
Zeitarbeit

Cornelsen

Die Deutsche Bibliothek – CIP-Einheitsaufnahme

Schwantes, Klaus:
Zeitarbeit/Klaus Schwantes. –
1. Aufl., 1. Dr. – Berlin: Cornelsen Girardet, 1998
  (Das professionelle 1 x 1)
  ISBN 3-464-49042-4

Verlagsredaktion: Ralf Boden
Layout und technische Umsetzung: Theo Spangenberg, Rösrath
Umschlaggestaltung: Vera Bauer, Berlin

1. Auflage ✔   Druck 4 3 2 1   Jahr 01 2000 99 98
© 1998 Cornelsen Verlag, Berlin
Das Werk und seine Teile sind urheberrechtlich geschützt.
Jede Verwertung in anderen als den gesetzlich zugelassenen Fällen
bedarf deshalb der vorherigen schriftlichen Einwilligung des Verlages.

Druck: Lengericher Handelsdruckerei, Lengerich/Westfalen

ISBN 3-464-49042-4

Bestellnummer 490424

gedruckt auf säurefreiem Papier, umweltschonend
hergestellt aus chlorfrei gebleichten Faserstoffen

Geleitwort

Zeitarbeit oder, wie es im Gesetz heißt, Arbeitnehmerüberlassung, ist mittlerweile auf dem deutschen Arbeitsmarkt eine fest verankerte Form der Beschäftigung, Zeitarbeit wird heutzutage in vielen Branchen genutzt. Zwar überwiegen bei den männlichen Leiharbeitnehmern nach wie vor die Tätigkeiten im gewerblichen Bereich, zum Beispiel als Schlosser, Mechaniker oder Elektriker, und bei den Frauen Organisations-, Verwaltungs- und Büroberufe. Mehr und mehr gibt es aber auch in den übrigen Fertigungs- und Dienstleistungsberufen Zeitarbeit. Auch hoch qualifizierte Spezialisten werden zunehmend im Rahmen von Leiharbeitsverhältnissen beschäftigt. In immer mehr Betrieben nutzt man die Arbeitnehmerüberlassung auch als zusätzlichen Weg der Personalbeschaffung, das heißt, Leiharbeitnehmer werden bei Bewährung in die Stammbelegschaften der Entleiherbetriebe übernommen.

Wie in anderen Branchen, so findet auch bei Zeitarbeitsunternehmen ein Konzentrationsprozess statt, die Spreu scheidet sich vom Weizen. Das zeigte sich insbesondere in der vergangenen Rezession, bei der zahlreiche Verleihfirmen mit wirtschaftlichen Schwierigkeiten kämpfen mussten, andererseits etablierte Verleihbetriebe die Umsatzeinbrüche wieder wettmachen und expandieren konnten. Seit 1995 ist insgesamt ein positiver Trend am Leiharbeitsmarkt festzustellen. Mittlerweile gab es eine Reihe von Rechtsänderungen, die ihrerseits dazu beitrugen, dass der Leiharbeitsmarkt weiter expandiert.

Die Bundesanstalt für Arbeit ist zuständig für die Erteilung von Erlaubnissen im Rahmen der Arbeitnehmerüberlassung und für die Überwachung der Zeitarbeitsunternehmen. Wenngleich es auch immer wieder, wie in jeder anderen Branche auch, schwarze Schafe gibt, so sind doch generell mittlerweile rechtliche Probleme bei der Überwachung der Verleiher immer mehr in den Hintergrund getreten. Dabei ist sicher auch zu berücksichtigen, dass das Arbeitnehmerüberlassungsgesetz in seinen Grundzügen nunmehr seit über zwei Jahrzehnten existiert und Ende 1995 bereits ein gutes Drittel der Verleiher im Besitz einer unbefristeten Erlaubnis zur Arbeitnehmerüberlassung war.

Wer als Unternehmer beabsichtigt, Leiharbeitnehmer zu beschäftigen, und wer sich als Arbeitnehmerin oder Arbeitnehmer mit dem Gedanken trägt, sich bei einem Zeitarbeitsunternehmen zu bewerben oder dort vertragliche Bindungen einzugehen, braucht Informationen. Möge das hier vorgelegte Buch zu diesem Zweck beitragen.

Februar 1998   *Bernhard Jagoda*
                        Präsident der Bundesanstalt für Arbeit, Nürnberg

Zeitarbeit: Moderner Sklavenhandel oder modernste Form der Arbeit?

Möglicherweise kommt Ihnen diese Frage etwas provokativ vor. Sie spiegelt aber lediglich die Bandbreite der üblichen Einschätzungen in Deutschland über diese Branche wieder.

Eine allgemein gültige Antwort auf die genannte Frage kann in der Tat nicht gegeben werden. Wenn man alle Hintergründe kennt, fällt es jedoch leichter, sich eine Meinung über diese Form der Arbeit zu bilden. Das gilt sowohl für potenzielle Kundenunternehmen als auch für mögliche Mitarbeiter von Zeitarbeitsunternehmen.

Fest steht eines: Die Zeitarbeit boomt. Dieses Phänomen hat verschiedene Gründe: Zum einen gibt es immer mehr Arbeit Suchende und damit auch für die Zeitarbeitsunternehmen mehr Bewerber und zum anderen entdecken immer mehr Unternehmen, dass es durchaus sinnvoll und in vielen Fällen auch Kosten sparend sein kann, die Dienste von Zeitarbeitsunternehmen in Anspruch zu nehmen.

Nur so ist es zu erklären, dass 1997 in Deutschland täglich mehr als 180.000 Menschen bei rund 2.600 lizenzierten Zeitarbeitsunternehmen beschäftigt waren – und das auf Vollzeitarbeitsplätzen. Dies entspricht annähernd einem Prozent aller Berufstätigen in unserem Land. Hinter dieser ständigen Mitarbeiterzahl verbergen sich (auf Grund der Fluktuation) aber mehr als 410.000 Menschen, die ihre Dienste allein innerhalb eines Kalenderjahres den professionellen Arbeitskräfteverleihern anvertrauen und bei ihnen tätig werden.

Nicht zu vergessen ist außerdem die Zahl der bundesweit mehr als 15.000 »internen« Beschäftigten von Zeitarbeitsunternehmen. Sie steuern, z. B. als Niederlassungsleiter, Personaldisponenten oder -sachbearbeiter, die Tätigkeit der »extern«, also bei anderen Unternehmen eingesetzten Leiharbeitnehmer.

So lässt sich der in Deutschland für 1997 erwartete Rekordumsatz der Branche von etwa 6,5 Mrd. DM erklären. Die Zeitarbeit ist damit aus unserem Wirtschaftsleben nicht mehr wegzudenken und die in diesem Bereich marktführenden Unternehmen gewinnen weiter an Einfluss. Dabei ist die Bundesrepublik im Vergleich zu anderen Staaten in Sachen Zeitarbeit sogar noch ein »Entwicklungsland«.

Lediglich eine Kombination aus wachsendem Angebot (Arbeit Suchende) und verstärkter Nachfrage (Kundenunternehmen) kann ein weiteres Wachstum der Branche ermöglichen. Die Zeichen hierfür stehen gemäß der Entwicklung der letzten Jahre wahrlich nicht schlecht.

In diesem Zusammenhang wird der Erklärungsbedarf zum Thema Zeitarbeit sowohl in den Unternehmen, als auch bei den Arbeit Suchenden jedoch nicht geringer, sondern eher größer, da diese Branche noch immer unter einem schlechten Image leidet.

Bei allen alten (und teilweise noch aktuellen) Vorurteilen gegenüber der »gewerbsmäßigen Arbeitnehmerüberlassung«, so die rechtlich korrekte Bezeichnung der Tätigkeit von Zeitarbeitsunternehmen, gibt es aber auch viele Pluspunkte, sowohl für deren Mitarbeiter als auch für die Kunden. Der Gesetzgeber weitet diese Vorteile, auch im Hinblick auf die gesetzlichen Änderungen in den letzten Jahren, langsam, aber kontinuierlich aus und erleichtert die legale und staatlich überwachte Zeitarbeit damit erheblich.

Nicht in allen Fällen ist es sinnvoll, die Zeitarbeitsbranche in Anspruch zu nehmen. Dieses Buch informiert umfassend über die positiven Aspekte der Zeitarbeit und die in ihr steckenden Chancen, verschweigt aber weder die Nachteile noch die Risiken.

Zudem entdecken immer mehr Zeitarbeitsunternehmen die Personalvermittlung (auch private Stellenvermittlung genannt) als zweites Standbein für die Ausübung ihrer Tätigkeit. Aber auch andere, nicht in der Zeitarbeit tätige Unternehmer sehen die Möglichkeit, mit dieser neuen Dienstleistung Geld zu verdienen. Bis Juli 1994 hatte die Bundesanstalt für Arbeit (mit Hauptsitz in Nürnberg) gemäß Arbeitsförderungsgesetz (AFG) ein staatliches Monopol für die Arbeitsvermittlung in Deutschland. Dieses Alleinrecht ist seit dem 01.08.94 auf Grund einer Gesetzesänderung hinfällig. Somit ist die Arbeitsvermittlung nicht mehr ausschließlich die Aufgabe der Arbeitsämter, sondern kann bei Vorliegen einer entsprechenden Erlaubnis des zuständigen Landesarbeitsamtes auch die auf Gewinn gerichtete Tätigkeit eines Wirtschaftsunternehmens sein.

Eines ist sicher: Auch die private Personalvermittlung kann keine offenen Stellen herbeizaubern. Sie kann aber dazu beitragen, unbesetzte Stellen schneller und in manchen Fällen auch »passender« zu besetzen, da hierbei die Eignung und Neigung der Bewerber möglicherweise einen höheren Stellenwert bekommt als in der staatlichen Arbeitsvermittlung.

Auch zum Thema Personalvermittlung werden Sie auf den folgenden Seiten (zweiter Teil des Buches) umfassend informiert.

Berlin, im Februar 1998   *Klaus Schwantes*

Inhaltsverzeichnis

A ZEITARBEIT (ARBEITNEHMERÜBERLASSUNG)

1. **Was bedeutet eigentlich »Arbeitnehmerüberlassung«?** ... 9
   1.1 WORIN UNTERSCHEIDET SICH DER ZEITARBEITSVERTRAG VOM WERKVERTRAG? ... 11
   1.2 WELCHE FORM DER ARBEITNEHMERÜBERLASSUNG IST LEGAL UND WELCHE IST ILLEGAL? ... 14
   1.3 ABGRENZUNG DER ILLEGALEN ARBEITNEHMERÜBERLASSUNG ZUR ILLEGALEN BESCHÄFTIGUNG ... 15

2. **Rechtliche Grundlagen der Arbeitnehmerüberlassung** ... 16
   2.1 ARBEITNEHMERÜBERLASSUNGSGESETZ (AÜG) ... 16
   2.1.1 Durchführungsanweisungen zum AÜG ... 35
   2.2 WELCHE ANDEREN RECHTSVORSCHRIFTEN SIND FÜR DIE ZEITARBEIT WICHTIG? ... 48
   2.2.1 Arbeitsförderungsgesetz (AFG) ... 48
   2.2.2 Beschäftigungsförderungsgesetz ... 50
   2.2.3 Bundesurlaubsgesetz ... 50
   2.2.4 Entgeltfortzahlungsgesetz ... 51
   2.2.5 Arbeitszeitgesetz ... 53
   2.2.6 Arbeitssicherheitsgesetz ... 54
   2.2.7 Jugendarbeitsschutzgesetz ... 56
   2.2.8 Mutterschutzgesetz ... 56
   2.2.9 Kündigungsschutzgesetz ... 56
   2.2.10 Baubetriebeverordnung ... 58
   2.2.11 Sonstiges ... 64

3. **Entstehung und Entwicklung der Zeitarbeit** ... 65
   3.1 INTERNATIONALE ENTWICKLUNG ... 65
   3.2 DIE ENTWICKLUNG IN DEUTSCHLAND ... 66

4. **Aktuelle Zahlen zur Zeitarbeit in Deutschland** ... 70

5. **Die Zeitarbeit aus Sicht des Kundenunternehmens (Entleihers)** ... 77
   5.1 VORTEILE FÜR DEN ZEITARBEITSKUNDEN ... 78
   5.2 RISIKEN FÜR DEN ZEITARBEITSKUNDEN ... 83
   5.3 CHECKLISTE »SICHERES ARBEITEN MIT ZEITARBEITSUNTERNEHMEN« ... 86

6. **Die Zeitarbeit aus Sicht des Leiharbeitnehmers** ... 88
   6.1 WIE UNTERSCHEIDET SICH EIN ZEITARBEITSPLATZ VON EINEM »KONVENTIONELLEN« ARBEITSPLATZ? ... 88
   6.2 VORTEILE FÜR DEN ZEITARBEITNEHMER ... 91
   6.3 ZEITARBEIT ALS SPRUNGBRETT ... 94
   6.4 AUS- UND WEITERBILDUNG BEI ZEITARBEITSUNTERNEHMEN ... 95
   6.5 RISIKEN FÜR DEN ZEITARBEITNEHMER ... 96
   6.6 CHECKLISTE »SICHERES ARBEITEN BEI EINEM ZEITARBEITSUNTERNEHMEN« ... 98

7. **Wie arbeitet ein Zeitarbeitsunternehmen (Verleiher)?** ... 100
   7.1 DREIECKSBEZIEHUNG ZU KUNDEN UND MITARBEITERN ... 100

7.2	VERTRAGSVERHÄLTNIS ZUM KUNDENUNTERNEHMEN: ARBEITNEHMERÜBERLASSUNGSVERTRAG (AÜV) 102		12.3	ÜBERWACHUNGSTÄTIGKEIT/ BETRIEBSPRÜFUNGEN 133
7.3	VERTRAGSVERHÄLTNIS ZUM LEIHARBEITNEHMER: ARBEITSVERTRAG 103		13	Die Zeitarbeitsverbände in Deutschland 135
7.4	DISPOSITION, KUNDENBETREUUNG UND MITARBEITER-BESCHAFFUNG 104		13.1	BUNDESVERBAND ZEITARBEIT . (BZA E.V.) 135
7.5	KALKULATION 106		13.1.1	Arbeitsbedingungen und Sozialleistungen der Mitgliedsfirmen 136
8	**Musterverträge** **108**		13.1.2	Beschwerdestelle 137
8.1	ARBEITSVERTRAG 109		13.2	SCHUTZGEMEINSCHAFT ZEITARBEIT (SGZ E.V.) 138
8.2	ARBEITNEHMERÜBERLASSUNGSVERTRAG 114			
8.3	ARBEITSSCHUTZVEREINBARUNG 116		**B**	**PERSONALVERMITTLUNG**
9	**Wer darf ein Zeitarbeitsunternehmen eröffnen und betreiben?** **119**		**1**	**Wie funktioniert die Personalvermittlung?** ..... **.139**
10	**Grenzüberschreitende Zeitarbeit** **121**		**2**	**Abgrenzung zwischen staatlicher Arbeitsvermittlung und privater Personalvermittlung** .**142**
11.	**Die staatliche Konkurrenz der Zeitarbeitsunternehmen** . **122**		**3**	**Rechtsgrundlagen der Personalvermittlung** **143**
11.1	»JOB«-VERMITTLUNG DER BUNDESANSTALT FÜR ARBEIT . 123		**4**	**Entwicklung der Personalvermittlung in Deutschland** ..**158**
11.2	STUDENTENVERMITTLUNG DER BUNDESANSTALT FÜR ARBEIT . 124		**5**	**Vorteile und Risiken für ein Kundenunternehmen** **160**
12	**Die Funktion der Bundesanstalt für Arbeit als Erlaubnis- und Überwachungsbehörde** **125**		**6**	**Vorteile und Risiken für einen Arbeit Suchenden** **162**
12.1	MERKBLATT FÜR LEIHARBEITNEHMER 126		**7**	**Wer kann Personalvermittler werden?** **164**
12.2	MELDEPFLICHTEN DER ZEITARBEITSUNTERNEHMEN ... 133		**8**	**Der Bundesverband Personalvermittlung (BPV e.V.)** **165**

Schlusswort 167
Anschriften der Landesarbeitsämter .169
Stichwortverzeichnis 170

A Zeitarbeit

1 Was bedeutet eigentlich »Arbeitnehmerüberlassung«?

Von »Arbeitnehmerüberlassung« wird in den Fällen gesprochen, wenn ein Unternehmen einem anderen Unternehmen einen Mitarbeiter zur Erbringung einer Arbeitsleistung überlässt. Gewerbsmäßig ist dieser Vorgang laut Durchführungsanweisung zum Arbeitnehmerüberlassungsgesetz (vgl. Kap. 2.1) dann, wenn er mit »Gewinnerzielungs- und Wiederholungsabsicht« erfolgt. In einem solchen Fall benötigt das Unternehmen, das den Mitarbeiter überlässt, eine entsprechende Erlaubnis zur Ausübung dieser Tätigkeit.

Somit funktioniert die *ANÜ* (so die offizielle Abkürzung) also nur dann, wenn drei Parteien an diesem Vorgang beteiligt sind:

- *Mitarbeiter* (Zeit-Arbeitnehmer, Leih-Arbeitnehmer),
- *Kunde* (Entleiher, Kundenunternehmen) und
- *Verleiher* (überlassender Betrieb, Zeitarbeitsunternehmen).

Ständiger Arbeitgeber des Zeitarbeitnehmers ist hierbei immer der Verleiher und nicht etwa der Entleiher, bei dem der Mitarbeiter dann tatsächlich befristet tätig wird.

Auch wenn das Wort »Arbeitnehmerüberlassung« etwas antiquiert klingt, der Geschäftszweck eines Zeitarbeitsunternehmens wird hiermit treffender wiedergegeben als mit dem Wort Zeitarbeit selbst. Neben diesen beiden Bezeichnungen kursieren noch einige andere, wie z.B. »Leiharbeit« und »Personal-Leasing«. Leider trifft keiner dieser Begriffe den Kern der betreffenden Tätigkeit ohne einen negativen Beigeschmack oder eine missverständliche Wortwahl zu haben.

Die amtliche Bezeichnung »Arbeitnehmerüberlassung« erinnert sprachlich daran, »jemand seinem Schicksal zu überlassen«, was in diesem Fall natürlich nicht stimmt, weil Zeitarbeitnehmer in den meisten Fällen durchaus eine gute Betreuung genießen. Leihen oder leasen kann man im Nor-

»Arbeitnehmerüberlassung« (ANÜ) wird dem Sachverhalt gerechter als der vielfach gebräuchliche Begriff »Zeitarbeit«

Was bedeutet eigentlich »Arbeitnehmerüberlassung«?

malfall Gegenstände (mobiler oder immobiler Art), in Bezug auf Menschen klingen damit auch diese Begriffe etwas befremdlich.

Die wohl gebräuchlichste Bezeichnung, nämlich »Zeitarbeit«, vermittelt fälschlicherweise den Eindruck, dass hier eine Arbeitsstelle lediglich für eine bestimmte Zeit angeboten wird.

Das trifft aber nur in den seltensten Fällen zu. Bis zum 31.03.97 waren die Arbeitskräfteverleiher sogar gesetzlich verpflichtet, ihre Mitarbeiter mit unbefristeten Arbeitsverträgen auszustatten. Der Abschluss eines befristeten Vertrages war nur dann erlaubt, wenn der zukünftige Mitarbeiter diesen Wunsch von sich aus äußerte (Beispiel: Ein Student, der ausschließlich in den Semesterferien für einige Wochen arbeiten möchte).

Mehr als 80 % der Zeitarbeitsverträge werden unbefristet abgeschlossen

Aber auch heute, da die gesetzliche Situation Befristungen erlaubt, werden mehr als 80 % der Arbeitsverträge bei Zeitarbeitsunternehmen unbefristet abgeschlossen.

Verwechslungen von Zeitarbeit mit anderen Formen der Arbeit, z. B. der Teilzeitarbeit und der geringfügigen Beschäftigung, sind somit zwar nicht selten, aber schlichtweg falsch.

»Zeitarbeit« bezieht sich auf die begrenzte Dauer der Arbeit bei einem Kundenunternehmen

Der Begriff Zeitarbeit selbst erklärt somit nur, dass es für einen in der Regel bei einem Zeitarbeitsunternehmen unbefristet eingestellten Mitarbeiter eine zeitliche Beschränkung des Einsatzes bei *einem* Kundenunternehmen (also *einem* Entleiher) gibt. Es ist nicht selten, dass extern eingesetzte Mitarbeiter mehrere Jahre in einem Zeitarbeitsunternehmen tätig sind und dabei die verschiedensten Kunden und Arbeitsaufgaben kennen lernen.

»Zeitarbeitsunternehmen« als Personaldienstleister

Ein wirklich treffender und trotzdem sympathischer Begriff für die Tätigkeit der gesamten Branche wurde also bisher noch nicht gefunden. In letzter Zeit nutzen deshalb die betreffenden Unternehmen häufiger die Bezeichnung »Personaldienstleister«. Dieser Oberbegriff schließt in den meisten Fällen auch die PERSONALVERMITTLUNG (siehe Teil B dieses Buches) und bei einigen Firmen auch das »Outsourcing« (kurz und knapp übersetzt: das Herauslösen oder Auslagern von kompletten Bereichen, Abteilungen oder Arbeitsgruppen eines Unternehmens) mit ein.

Was bedeutet eigentlich »Arbeitnehmerüberlassung«?

Die Befürchtung, dass Mitarbeiter von Zeitarbeitsunternehmen »heute hier und morgen dort« eingesetzt werden, stimmt in den seltensten Fällen. Die theoretische (und rechtlich definierte) Bandbreite der zeitlichen Dauer des Einsatzes bei einem Entleiher reicht von einem Tag bis zu maximal 12 Monaten. Die Praxis zeigt, dass die durchschnittliche Einsatzdauer eines Leiharbeitnehmers in einem Auftrag bei etwa vier Wochen liegt. Die Ausnutzung der maximalen Überlassungsdauer von einem Jahr ist hierbei ebensowenig die Ausnahme wie der wirkliche Tageseinsatz.

Die durchschnittliche Einsatzdauer eines Leiharbeitnehmers bei einem Entleiher liegt bei etwa vier Wochen

Jedes Zeitarbeitsunternehmen wird aus verständlichen Gründen bemüht sein, die Überlassungsdauer während eines Einsatzes möglichst lang zu gestalten, wenn die Eignung des Mitarbeiters für diesen Auftrag passt und der Bedarf beim Kunden weiterhin vorhanden ist.

Zum einen bringt jede Arbeitsstunde dem Verleiher weiteren Umsatz und zum anderen verringern längere Einsätze den Dispositionsaufwand und das Risiko, dem Mitarbeiter während eines Nichteinsatzes trotzdem seinen Lohn bzw. sein Gehalt zahlen zu müssen.

1.1 Worin unterscheidet sich der Zeitarbeitsvertrag vom Werkvertrag?

Eine weitere Unsicherheit in der Beurteilung der Tätigkeit von Zeitarbeitsunternehmen liegt in dem Problem, die tatsächliche Arbeitnehmerüberlassung vom Zustandekommen eines Werkvertrages abgrenzen zu können, für dessen Abschluss keine Erlaubnis nach dem Arbeitnehmerüberlassungsgesetz *(AÜG)* erforderlich wäre (vgl. auch Kap. 2.1).

> DIE ABGRENZUNG ZUM WERKVERTRAG IST IMMER DANN ERFORDERLICH, WENN EIN ARBEITNEHMER NICHT AUSSCHLIESSLICH FÜR SEINEN ARBEITGEBER, SONDERN AUCH BEI ANDEREN ODER FÜR ANDERE UNTERNEHMEN TÄTIG WIRD.

Was bedeutet eigentlich »Arbeitnehmerüberlassung«?

Im Werkvertrag wird ein fest definiertes Werksergebnis beschrieben und festgelegt

Hierzu gilt: Ein Werkvertrag liegt immer dann vor, wenn der Arbeitnehmer (unter Umständen als Teil einer sehr langen Kette von Arbeitsvorgängen) ein bestimmtes, definiertes Werksergebnis erbringen muss und sein Arbeitgeber die unternehmerische Verantwortung für das Erreichen dieses Zieles trägt, d. h. auch dafür haftet. Voraussetzung ist ferner, dass ausschließlich der Arbeitgeber das Weisungsrecht über seine Arbeitnehmer hat und den Einsatz der Arbeitskräfte und Materialien frei disponieren kann. Ein typisches Indiz für einen Werkvertrag ist auch, dass das Honorar für die zu erbringende Leistung erfolgsorientiert abgerechnet wird. Zur Absicherung aller Beteiligten sollte ein solcher Werkvertrag immer schriftlich abgeschlossen werden.

Erfolgsorientierte Abrechnung der im Werkvertrag festgelegten Leistung

Die Bundesanstalt für Arbeit prüft im Einzelfall genau, ob es sich wirklich um eine werkvertragfähige Leistung handelt

Die Bundesanstalt für Arbeit als Prüf- und Erlaubnisbehörde sieht sich im Einzelfall auch genau an, ob es sich wirklich um eine werkvertragfähige Leistung handelt. Hierbei wird in Grenzfällen auch überprüft, ob der betreffende Unternehmer bezüglich seiner Qualifikation und Ausstattung überhaupt »werkvertragsfähig« ist. Hier spricht z. B. der Einsatz eigener Arbeitsmittel und Materialien für einen Werkvertrag.

Arbeitnehmerüberlassung bedarf einer entsprechenden Erlaubnis der Bundesanstalt für Arbeit

In allen anderen Fällen liegt Arbeitnehmerüberlassung vor und das überlassende Unternehmen muss eine entsprechende Erlaubnis der Bundesanstalt für Arbeit (erteilt durch das jeweils zuständige Landesarbeitsamt) nachweisen können und ist verpflichtet, die Vorschriften des Arbeitnehmerüberlassungsgesetzes einzuhalten.

Allein durch die Vereinbarung öffentlich-rechtlicher Ordnungsvorschriften, z. B. der Handwerkskammer, kann noch kein Werkvertrag nachgewiesen werden, solange die oben genannten Kriterien nicht erfüllt sind.

Es gibt im Arbeitsleben viele Grenzfälle zwischen Arbeitnehmerüberlassung und Werkvertrag, die einige Unternehmen sogar dazu veranlasst haben, zur eigenen Absicherung eine Erlaubnis zur Arbeitnehmerüberlassung zu beantragen, obwohl sie sich gar nicht als gewerbsmäßige Arbeitsverleiher sehen.

Beispiel für einen klassischen Werkvertrag:

Vier Mitarbeiter eines kleinen Baubetriebes (Subunternehmer) bekommen den Auftrag, auf der Baustelle eines anderen Bauunternehmens (Hauptauftragnehmer) Trennwän-

Zeitarbeitsvertrag versus Werkvertrag

de zu stellen. Hierüber gibt es eine schriftliche Vereinbarung zwischen den beiden Unternehmen, die eine Bezahlung nach tatsächlich erbrachten Quadratmetern vorsieht. Es ist ferner eine zweijährige Gewährleistung vereinbart. Einer der vier Trockenbauer wurde vom Chef als Polier eingeteilt und übt das alleinige Weisungsrecht auf seine drei Kollegen aus, wenn sein Arbeitgeber selbst nicht auf der Baustelle ist. Das Material und Werkzeug stellt der Subunternehmer. Es wird nach Zeichnung gearbeitet, die als Anlage dem Werkvertrag beigefügt wurde. Hier gibt es keine Zweifel, dass es sich tatsächlich um einen Werkvertrag handelt.

Aber es gibt natürlich auch viele nicht so eindeutige Situationen:

Der Kraftfahrer eines Speditionsunternehmens arbeitet auf Weisung seines Arbeitgebers einen Tag lang im Lager eines Kunden. Er hilft dort mit, weil ansonsten eine ordnungsgemäße Abfertigung der anliefernden Lkws nicht mehr möglich wäre. Sein Chef erhält dafür Geld von seinem Kunden. In einem solchen Fall ist der Fahrer bereits als Leiharbeitnehmer tätig, wahrscheinlich ohne es im geringsten zu ahnen. Um den Speditionsunternehmer in diesem Fall tatsächlich der unerlaubten gewerbsmäßigen Arbeitnehmerüberlassung zu überführen, muss aber auch hier zunächst einmal die Gewinnerzielungs- und Wiederholungsabsicht nachgewiesen werden.

Da gemäß § 12a des Arbeitsförderungsgesetzes (vgl. Kap 2.2.1) ein Überlassungsverbot in das Bauhauptgewerbe (vgl. Kap. 2.2.10) gilt (zumindest für Tätigkeiten, die üblicherweise von Arbeitern verrichtet werden), gibt es auch und vor allem in diesem Bereich immer wieder Versuche, Scheinwerkverträge zu schließen.

Weitere Formen der Abgrenzung zur Arbeitnehmerüberlassung sind der Dienst-, Dienstverschaffungs- und der Geschäftsbesorgungsvertrag, die allerdings seltener vorkommen als der Werkvertrag. Auch hier steht, ähnlich wie beim Werkvertrag, die Erbringung klar definierter Leistungen im Vordergrund (vgl. Kap. 2.1).

WAS BEDEUTET EIGENTLICH »ARBEITNEHMERÜBERLASSUNG«?

1.2 Welche Form der Arbeitnehmerüberlassung ist legal und welche ist illegal?

Dass die Zeitarbeit »einen wichtigen Beitrag für das Funktionieren eines ordnungsgemäßen Arbeitsmarktes leistet«, ist die aktuelle Einschätzung der Bundesregierung. So lautet die wörtliche Formulierung im entsprechenden »8. AÜG-Erfahrungsbericht«. Auch die Kommentare aus den Vorjahren lauten ähnlich. Mit diesen Worten ist natürlich ausschließlich die legale Arbeitnehmerüberlassung gemeint.

Trotzdem ist häufig auch von illegaler Leiharbeit die Rede. Somit drängt sich die Frage auf, welche Form der Zeitarbeit nun legal und welche illegal ist.

Grundsätzlich ist zunächst einmal jede Form der Arbeitnehmerüberlassung legal, wenn der Verleiher eine entsprechende Erlaubnis nach dem AÜG (vgl. Kap. 2.1) besitzt oder für die Ausübung der ANÜ auf Grund seiner besonderen Situation keine staatliche Genehmigung benötigt. Die möglichen Fälle der erlaubnisfreien Arbeitnehmerüberlassung sind allerdings eher selten. Hier kann es sich z. B. um ein Unternehmen mit maximal 50 Beschäftigten handeln, das zur Vermeidung von Kurzarbeit oder Entlassungen einen Arbeitnehmer bis zur Dauer von 12 Monaten einem anderen Arbeitgeber überlässt und dies vorher schriftlich dem Landesarbeitsamt anzeigt.

Die zunächst auf ein Jahr befristete Erlaubnis zur ANÜ ist beim zuständigen Landesarbeitsamt zu beantragen

Die Erlaubnis zur Arbeitnehmerüberlassung ist beim zuständigen Landesarbeitsamt zu beantragen. Sie wird zunächst nur befristet auf ein Jahr ausgestellt und ist kostenpflichtig. Es muss jeweils jährlich ein Verlängerungsantrag gestellt werden. Nach drei Jahren Tätigkeit kann das Zeitarbeitsunternehmen dann eine unbefristete Erlaubnis beantragen.

Wenn die Rede von illegaler Arbeitnehmerüberlassung ist handelt es sich in erster Linie um Unternehmen, die eben keine einschlägige Erlaubnis besitzen und trotzdem Arbeitskräfte verleihen. Auch hier gibt es einen Schwerpunkt im Bereich des Bauhaupt- und Baunebengewerbes. Die Sonderprüfungsgruppen der Landesarbeitsämter haben z. B. 1996 nach Außenprüfungen bundesweit 8.500 Verfahren wegen Verdachts auf unerlaubte Arbeitnehmerüberlassung angestrengt. Dies bedeutet eine Steigerung von mehr als 18% gegenüber dem Vorjahr.

LEGALE UND ILLEGALE ARBEITNEHMERÜBERLASSUNG

Die Verteilung der Strafverfahren zwischen den westlichen und östlichen Bundesländern liegt bei 79% zu 21% »zu Gunsten« des Westens. 5.350 der 8.500 bundesweiten Strafverfahren endeten hierbei mit Verwarnungen, Geldbußen oder Strafanzeigen. Hier liegt die Steigerungsrate mit rund 36% noch höher. Immerhin kamen auf diesem Wege 20,7 Mio. DM in die Staatskasse.

Um es aber nochmals deutlich zu sagen: Diese Fälle der illegalen Arbeitnehmerüberlassung betreffen nicht die Unternehmen, die im Besitz der Erlaubnis der Bundesanstalt für Arbeit sind, sondern es geht hier um Firmen (oder auch Privatleute), die ohne eine entsprechende Erlaubnis Arbeitnehmer verliehen haben, um sich hierdurch persönlich zu bereichern.

Allerdings begehen auch Unternehmen, die im Besitz einer gültigen Erlaubnis zur Arbeitnehmerüberlassung sind, Verstöße gegen das AÜG oder gegen andere relevante Gesetze oder Vorschriften. Nicht von ungefähr hat die Zeitarbeitsbranche einmal einen schlechten Ruf erlangt, der sich in den Köpfen vieler Menschen bis zum heutigen Tag behauptet hat.

Nicht immer ist hier allerdings Vorsatz zum Zwecke der persönlichen Bereicherung zu unterstellen. Zum Schutz der Arbeitnehmer, aber auch der Kunden ist in diesen Fällen die Bundesanstalt für Arbeit als Erlaubnisbehörde gefordert, um den betreffenden Unternehmen, also den »schwarzen Schafen« der Zeitarbeit, deren Zahl nach Expertenmeinung allerdings rapide gesunken ist, das Handwerk zu legen (siehe auch Kap. 12).

Die Bundesanstalt für Arbeit als Erlaubnisbehörde sieht den »schwarzen Schafen« der Zeitarbeit auf die Finger

1.3 Abgrenzung der illegalen Arbeitnehmerüberlassung zur illegalen Beschäftigung

Wenn das Stichwort »illegale Beschäftigung« fällt, wird häufig an die Zeitarbeit gedacht. Hier gibt es jedoch gar keinen konkreten Zusammenhang. Gegenüber der illegalen Arbeitnehmerüberlassung handelt es sich bei der illegalen Beschäftigung nämlich um Verstöße gegen die verschiedensten Bestimmungen im Bereich der Arbeitsgesetzgebung.

Im Vordergrund stehen hier neben der klassischen Schwarzarbeit, bei der oftmals auch noch Leistungsmissbrauch (Arbeitslosengeld, Arbeitslosenhilfe oder Sozialhilfe) eine Rolle

Was bedeutet eigentlich »Arbeitnehmerüberlassung«?

spielt, seit Jahren Vergehen, die mit der Ausländerbeschäftigung im Zusammenhang stehen.

Illegale Beschäftigung stellt ein ernstes Arbeitsmarktproblem dar

Trotz der geringen Berührungspunkte mit der Arbeitnehmerüberlassung auch hierzu ein paar Zahlen: 1996 wurden nach 147.300 Außenprüfungen der Landesarbeitsämter, die oftmals in Zusammenarbeit mit der Polizei und der Gewerbeaufsicht erfolgen, 86.800 Bußgeldverfahren eingeleitet. Hier ging es um die beeindruckende Zahl von 33,2 Mio. DM verhängten Geldstrafen. In 9.100 dieser Fälle ging man sogar weiter und stellte Strafanzeige. Diese hohe Zahl verdeutlicht, insbesondere vor dem Hintergrund der jährlichen Steigerung von zuletzt rund 10%, dass es sich hier um ein sehr ernstes Arbeitsmarktproblem handelt.

2 Rechtliche Grundlagen der Arbeitnehmerüberlassung

Gesetzliche Bestimmungen stellen sicher, dass die Inanspruchnahme von Zeitarbeitsunternehmen nach einheitlichen Richtlinien erfolgt

Die Arbeitnehmerüberlassung ist in starkem Maße von gesetzlichen und sozialversicherungsrechtlichen Bestimmungen geprägt. Die Kunden und Mitarbeiter haben dadurch die Gewissheit, dass die Inanspruchnahme von Zeitarbeitsunternehmen nach einheitlichen Richtlinien erfolgt.

Durch einige Novellen in den einschlägigen Vorschriften haben sich gerade in den letzten Jahren mehrere Veränderungen ergeben. Die genaue Kenntnis der Gesetzeslage kann helfen, bestehende Unsicherheiten und Wissenslücken in Bezug auf die Beurteilung der Zeitarbeit auszuräumen. Auf den folgenden Seiten sind daher alle maßgeblichen und aktuellen Bestimmungen zusammengefasst.

2.1 Arbeitnehmerüberlassungsgesetz (AÜG)

Gewissermaßen »die Bibel« für alle Zeitarbeitsunternehmen, aber auch für die Kunden und Mitarbeiter dieser Branche, ist das Arbeitnehmerüberlassungsgesetz in seiner jeweils aktuellen Fassung. Die hier wiedergegebene neueste Version enthält auch die wichtigen Änderungen, die am 01.04.97 in Kraft getreten sind. Man kann hier von grundlegenden Neuerungen sprechen, die weiter zur Liberalisierung der Zeitarbeit beitragen.

Gesetz zur Regelung der gewerbsmässigen Arbeitnehmerüberlassung
(Arbeitnehmerüberlassungsgesetz – AÜG)
vom 07.08.1972 in der ab 01.04.1997 geltenden Fassung

§ 1
Erlaubnispflicht

(1) Arbeitgeber, die als Verleiher Dritten (Entleihern) Arbeitnehmer (Leiharbeitnehmer) gewerbsmäßig zur Arbeitsleistung überlassen wollen, bedürfen der Erlaubnis. Die Abordnung von Arbeitnehmern zu einer zur Herstellung eines Werkes gebildeten Arbeitsgemeinschaft ist keine Arbeitnehmerüberlassung, wenn der Arbeitgeber Mitglied der Arbeitsgemeinschaft ist, für alle Mitglieder der Arbeitsgemeinschaft Tarifverträge desselben Wirtschaftszweiges gelten und alle Mitglieder auf Grund des Arbeitsgemeinschaftsvertrages zur selbstständigen Erbringung von Vertragsleistungen verpflichtet sind.

(2) Werden Arbeitnehmer Dritten zur Arbeitsleistung überlassen und übernimmt der Überlassende nicht die üblichen Arbeitgeberpflichten oder das Arbeitgeberrisiko (§ 3 Abs. 1 Nr. 1 bis 5) oder übersteigt die Dauer der Überlassung im Einzelfall zwölf Monate (§ 3 Abs. 1 Nr. 6), so wird vermutet, dass der Überlassende Arbeitsvermittlung betreibt.

(3) Dieses Gesetz ist nicht anzuwenden auf die Arbeitnehmerüberlassung

1. zwischen Arbeitgebern desselben Wirtschaftszweiges zur Vermeidung von Kurzarbeit oder Entlassungen, wenn ein für den Entleiher und Verleiher geltender Tarifvertrag dies vorsieht,
2. zwischen Konzernunternehmen im Sinne des § 18 des Aktiengesetzes, wenn der Arbeitnehmer seine Arbeit vorübergehend nicht bei seinem Arbeitgeber leistet, oder
3. in das Ausland, wenn der Leiharbeitnehmer in ein auf der Grundlage zwischenstaatlicher Vereinbarungen begründetes deutsch-ausländisches Gemeinschaftsunternehmen verliehen wird, an dem der Verleiher beteiligt ist.

§ 1a
Anzeige der Überlassung

(1) Keiner Erlaubnis bedarf ein Arbeitgeber mit weniger als 50 Beschäftigten, der zur Vermeidung von Kurzarbeit oder Entlassungen an einen Arbeitgeber einen Arbeitnehmer bis zur Dauer von zwölf Monaten überlässt, wenn er die Überlassung vorher schriftlich dem für seinen Geschäftssitz zuständigen Landesarbeitsamt angezeigt hat.

(2) In der Anzeige sind anzugeben
1. Vor- und Familiennamen, Wohnort und Wohnung, Tag und Ort der Geburt des Leiharbeitnehmers,
2. Art der vom Leiharbeitnehmer zu leistenden Tätigkeit und etwaige Pflicht zur auswärtigen Leistung,
3. Beginn und Dauer der Überlassung,
4. Firma und Anschrift des Entleihers.

§ 2
Erteilung und Erlöschen der Erlaubnis

(1) Die Erlaubnis wird auf schriftlichen Antrag erteilt.

(2) Die Erlaubnis kann unter Bedingungen erteilt und mit Auflagen verbunden werden, um sicherzustellen, dass keine Tatsachen eintreten, die nach § 3 die Versagung der Erlaubnis rechtfertigen. Die Aufnahme, Änderung oder Ergänzung von Auflagen ist auch nach Erteilung der Erlaubnis zulässig.

(3) Die Erlaubnis kann unter dem Vorbehalt des Widerrufs erteilt werden, wenn eine abschließende Beurteilung des Antrags noch nicht möglich ist.

(4) Die Erlaubnis ist auf ein Jahr zu befristen. Der Antrag auf Verlängerung der Erlaubnis ist spätestens drei Monate vor Ablauf des Jahres zu stellen. Die Erlaubnis verlängert sich um ein weiteres Jahr, wenn die Erlaubnisbehörde die Verlängerung nicht vor Ablauf des Jahres ablehnt. Im Falle der Ablehnung gilt die Erlaubnis für die Abwicklung der nach § 1 erlaubt abgeschlossenen Verträge als fortbestehend, jedoch nicht länger als zwölf Monate.

(5) Die Erlaubnis kann unbefristet erteilt werden, wenn der Verleiher drei aufeinander folgende Jahre lang nach §1 erlaubt tätig war. Sie erlischt, wenn der Verleiher von der Erlaubnis drei Jahre lang keinen Gebrauch gemacht hat.

§2a
Kosten

(1) Für die Bearbeitung von Anträgen auf Erteilung und Verlängerung der Erlaubnis werden vom Antragsteller Kosten (Gebühren und Auslagen) erhoben.

(2) Die Vorschriften des Verwaltungskostengesetzes sind anzuwenden. Die Bundesregierung wird ermächtigt, durch Rechtsverordnung die gebührenpflichtigen Tatbestände näher zu bestimmen und dabei feste Sätze und Rahmensätze vorzusehen. Die Gebühr darf im Einzelfall 5000 Deutsche Mark nicht überschreiten.

§3
Versagung

(1) Die Erlaubnis oder ihre Verlängerung ist zu versagen, wenn Tatsachen die Annahme rechtfertigen, dass der Antragsteller
  1. die für die Ausübung der Tätigkeit nach §1 erforderliche Zuverlässigkeit nicht besitzt, insbesondere weil er die Vorschriften des Sozialversicherungsrechts, über die Einbehaltung und Abführung der Lohnsteuer, über die Arbeitsvermittlung, über die Anwerbung im Ausland oder über die Arbeitserlaubnis, die Vorschriften des Arbeitsschutzrechts oder die arbeitsrechtlichen Pflichten nicht einhält;
  2. nach der Gestaltung seiner Betriebsorganisation nicht in der Lage ist, die üblichen Arbeitgeberpflichten ordnungsgemäß zu erfüllen;
  3. mit dem Leiharbeitnehmer wiederholt einen befristeten Arbeitsvertrag abschließt, es sei denn, dass sich für die Befristung aus der Person des Leiharbeitnehmers ein sachlicher Grund ergibt, oder die Befristung ist für einen

Rechtliche Grundlagen der Arbeitnehmerüberlassung

Arbeitsvertrag vorgesehen, der unmittelbar an einen mit demselben Verleiher geschlossenen Arbeitsvertrag anschließt;

4. mit dem Leiharbeitnehmer jeweils unbefristete Arbeitsverträge abschließt, diese Verträge jedoch durch Kündigung beendet und den Leiharbeitnehmer wiederholt innerhalb von drei Monaten nach Beendigung des Arbeitsverhältnisses erneut einstellt;
5. die Dauer des Arbeitsverhältnisses mit dem Leiharbeitnehmer wiederholt auf die Zeit der einmaligen Überlassung an einen Entleiher beschränkt, es sei denn, der Leiharbeitnehmer tritt unmittelbar nach der Überlassung in ein Arbeitsverhältnis zu dem Entleiher ein und war dem Verleiher von der Bundesanstalt für Arbeit als schwer vermittelbar vermittelt worden, oder
6. einem Entleiher denselben Leiharbeitnehmer länger als zwölf aufeinander folgende Monate überlässt; der Zeitraum einer unmittelbar vorangehenden Überlassung durch einen anderen Verleiher an denselben Entleiher ist anzurechnen.

(2) Die Erlaubnis oder ihre Verlängerung ist ferner zu versagen, wenn für die Ausübung der Tätigkeit nach § 1 Betriebe, Betriebsteile oder Nebenbetriebe vorgesehen sind, die nicht in einem Mitgliedsstaat der Europäischen Wirtschaftsgemeinschaft oder einem anderen Vertragsstaat des Abkommens über den Europäischen Wirtschaftsraum liegen.

(3) Die Erlaubnis kann versagt werden, wenn der Antragsteller nicht Deutscher im Sinne des Artikels 116 des Grundgesetzes ist oder wenn eine Gesellschaft oder juristische Person den Antrag stellt, die entweder nicht nach deutschem Recht gegründet ist oder die weder ihren satzungsmäßigen Sitz noch ihre Hauptverwaltung noch ihre Hauptniederlassung im Geltungsbereich dieses Gesetzes hat.

(4) Staatsangehörige der Mitgliedstaaten der Europäischen Wirtschaftsgemeinschaft oder eines anderen Vertragsstaates des Abkommens über den Europäischen Wirtschaftsraum erhalten die Erlaubnis unter den gleichen

Voraussetzungen wie deutsche Staatsangehörige. Den Staatsangehörigen dieser Staaten stehen gleich Gesellschaften und juristische Personen, die nach den Rechtsvorschriften dieser Staaten gegründet sind und ihren satzungsmäßigen Sitz, ihre Hauptverwaltung oder ihre Hauptniederlassung innerhalb dieser Staaten haben. Soweit diese Gesellschaften oder juristischen Personen zwar ihren satzungsmäßigen Sitz, jedoch weder ihre Hauptverwaltung noch ihre Hauptniederlassung innerhalb dieser Staaten haben, gilt Satz 2 nur, wenn ihre Tätigkeit in tatsächlicher und dauerhafter Verbindung mit der Wirtschaft eines Mitgliedstaates oder eines Vertragsstaates des Abkommens über den Europäischen Wirtschaftsraum steht.

(5) Staatsangehörige anderer als der in Absatz 4 genannten Staaten, die sich auf Grund eines internationalen Abkommens im Geltungsbereich dieses Gesetzes niederlassen und hierbei sowie bei ihrer Geschäftstätigkeit nicht weniger günstig behandelt werden dürfen als deutsche Staatsangehörige, erhalten die Erlaubnis unter den gleichen Voraussetzungen wie deutsche Staatsangehörige. Den Staatsangehörigen nach Satz 1 stehen gleich Gesellschaften, die nach den Rechtsvorschriften des anderen Staates gegründet sind.

§ 4
Rücknahme

(1) Eine rechtswidrige Erlaubnis kann mit Wirkung für die Zukunft zurückgenommen werden. § 2 Abs. 4 Satz 4 gilt entsprechend.

(2) Die Erlaubnisbehörde hat dem Verleiher auf Antrag den Vermögensnachteil auszugleichen, den dieser dadurch erleidet, dass er auf den Bestand der Erlaubnis vertraut hat, soweit sein Vertrauen unter Abwägung mit dem öffentlichen Interesse schutzwürdig ist. Auf Vertrauen kann sich der Verleiher nicht berufen, wenn er

1. die Erlaubnis durch arglistige Täuschung, Drohung oder eine strafbare Handlung erwirkt hat;

2. die Erlaubnis durch Angaben erwirkt hat, die in wesentlicher Beziehung unrichtig oder unvollständig waren, oder
3. die Rechtswidrigkeit der Erlaubnis kannte oder infolge grober Fahrlässigkeit nicht kannte.

Der Vermögensnachteil ist jedoch nicht über den Betrag des Interesses hinaus zu ersetzen, das der Verleiher an dem Bestand der Erlaubnis hat. Der auszugleichende Vermögensnachteil wird durch die Erlaubnisbehörde festgesetzt. Der Anspruch kann nur innerhalb eines Jahres geltend gemacht werden; die Frist beginnt, sobald die Erlaubnisbehörde den Verleiher auf sie hingewiesen hat.

(3) Die Rücknahme ist nur innerhalb eines Jahres seit dem Zeitpunkt zulässig, in dem die Erlaubnisbehörde von den Tatsachen Kenntnis erhalten hat, die die Rücknahme der Erlaubnis rechtfertigen.

§ 5
Widerruf

(1) Die Erlaubnis kann mit Wirkung für die Zukunft widerrufen werden, wenn

1. der Widerruf bei ihrer Erteilung nach § 2 Abs. 3 vorbehalten worden ist;
2. der Verleiher eine Auflage nach § 2 nicht innerhalb einer ihm gesetzten Frist erfüllt hat;
3. die Erlaubnisbehörde auf Grund nachträglich eingetretener Tatsachen berechtigt wäre, die Erlaubnis zu versagen, oder
4. die Erlaubnisbehörde auf Grund einer geänderten Rechtslage berechtigt wäre, die Erlaubnis zu versagen; § 4 Abs. 2 gilt entsprechend.

(2) Die Erlaubnis wird mit dem Wirksamwerden des Widerrufs unwirksam. § 2 Abs. 4 Satz 4 gilt entsprechend.

(3) Der Widerruf ist unzulässig, wenn eine Erlaubnis gleichen Inhalts erneut erteilt werden müsste.

(4) Der Widerruf ist nur innerhalb eines Jahres seit dem Zeitpunkt zulässig, in dem die Erlaubnisbehörde von den Tatsachen Kenntnis erhalten hat, die den Widerruf der Erlaubnis rechtfertigen.

§6
VERWALTUNGSZWANG

Werden Leiharbeitnehmer von einem Verleiher ohne die erforderliche Erlaubnis überlassen, so hat die Erlaubnisbehörde dem Verleiher dies zu untersagen und das weitere Überlassen nach den Vorschriften des Verwaltungsvollstreckungsgesetzes zu verhindern.

§7
ANZEIGEN UND AUSKÜNFTE

(1) Der Verleiher hat der Erlaubnisbehörde nach Erteilung der Erlaubnis unaufgefordert die Verlegung, Schließung und Errichtung von Betrieben, Betriebsteilen oder Nebenbetrieben vorher anzuzeigen, soweit diese die Ausübung der Arbeitnehmerüberlassung zum Gegenstand haben. Wenn die Erlaubnis Personengesamtheiten, Personengesellschaften oder juristischen Personen erteilt ist und nach ihrer Erteilung eine andere Person zur Geschäftsführung oder Vertretung nach Gesetz, Satzung oder Gesellschaftsvertrag berufen wird, ist auch dies unaufgefordert anzuzeigen.

(2) Der Verleiher hat der Erlaubnisbehörde auf Verlangen die Auskünfte zu erteilen, die zur Durchführung des Gesetzes erforderlich sind. Die Auskünfte sind wahrheitsgemäß, vollständig, fristgemäß und unentgeltlich zu erteilen. Auf Verlangen der Erlaubnisbehörde hat der Verleiher die geschäftlichen Unterlagen vorzulegen, aus denen sich die Richtigkeit seiner Angaben ergibt, oder seine Angaben auf sonstige Weise glaubhaft zu machen. Der Verleiher hat seine Geschäftsunterlagen drei Jahre lang aufzubewahren.

(3) In begründeten Einzelfällen sind die von der Erlaubnisbehörde beauftragten Personen befugt, Grundstücke und Geschäftsräume des Verleihers zu betreten und dort Prüfungen vorzunehmen. Der Verleiher hat die Maßnahmen nach

Satz 1 zu dulden. Das Grundrecht der Unverletzlichkeit der Wohnung (Artikel 13 des Grundgesetzes) wird insoweit eingeschränkt.

(4) Durchsuchungen können nur auf Anordnung des Richters bei dem Amtsgericht, in dessen Bezirk die Durchsuchung erfolgen soll, vorgenommen werden. Auf die Anfechtung dieser Anordnung finden die §§ 304 bis 310 der Strafprozessordnung entsprechende Anwendung. Bei Gefahr im Verzuge können die von der Erlaubnisbehörde beauftragten Personen während der Geschäftszeit die erforderlichen Durchsuchungen ohne richterliche Anordnung vornehmen. An Ort und Stelle ist eine Niederschrift über die Durchsuchung und ihr wesentliches Ergebnis aufzunehmen, aus der sich, falls keine richterliche Anordnung ergangen ist, auch die Tatsachen ergeben, die zur Annahme einer Gefahr im Verzuge geführt haben.

(5) Der Verleiher kann die Auskunft auf solche Fragen verweigern, deren Beantwortung ihn selbst oder einen der in § 383 Abs. 1 Nr. 1 bis 3 der Zivilprozessordnung bezeichneten Angehörigen der Gefahr strafgerichtlicher Verfolgung oder eines Verfahrens nach dem Gesetz über Ordnungswidrigkeiten aussetzen würde.

§ 8
STATISTISCHE MELDUNGEN

(1) Der Verleiher hat der Erlaubnisbehörde halbjährlich statistische Meldungen über
  1. die Zahl der überlassenen Leiharbeitnehmer, getrennt nach Geschlecht, nach der Staatsangehörigkeit, nach Berufsgruppen und nach der Art der vor der Begründung des Vertragsverhältnisses zum Verleiher ausgeübten Beschäftigung,
  2. die Zahl der Überlassungsfälle, gegliedert nach Wirtschaftsgruppen,
  3. die Zahl der Entleiher, denen er Leiharbeitnehmer überlassen hat, gegliedert nach Wirtschaftsgruppen,

ARBEITNEHMERÜBERLASSUNGSGESETZ

    4. die Zahl und die Dauer der Arbeitsverhältnisse, die er mit jedem überlassenen Leiharbeitnehmer eingegangen ist.

    5. die Zahl der Beschäftigungstage jedes überlassenen Leiharbeitnehmers, gegliedert nach Überlassungsfällen,

zu erstatten. Die Erlaubnisbehörde kann die Meldepflicht nach Satz 1 einschränken.

(2) Die Meldungen sind für das erste Kalenderhalbjahr bis zum 1. September des laufenden Jahres, für das zweite Kalenderhalbjahr bis zum 1. März des folgenden Jahres zu erstatten.

(3) Die Erlaubnisbehörde gibt zur Durchführung des Absatzes I Erhebungsvordrucke aus. Die Meldungen sind auf diesen Vordrucken zu erstatten. Die Richtigkeit der Angaben ist durch Unterschrift zu bestätigen.

(4) Einzelangaben nach Absatz 1 sind von der Erlaubnisbehörde geheimzuhalten. Die §§ 93, 97, 105 Abs. 1, § 111 Abs. 5 in Verbindung mit § 105 Abs. 1 sowie § 116 Abs. 1 der Abgabenordnung gelten nicht. Dies gilt nicht, soweit die Finanzbehörden die Kenntnisse für die Durchführung eines Verfahrens wegen einer Steuerstraftat sowie eines damit zusammenhängenden Besteuerungsverfahrens benötigen, an deren Verfolgung ein zwingendes öffentliches Interesse besteht, oder soweit es sich um vorsätzlich falsche Angaben des Auskunftspflichtigen oder der für ihn tätigen Personen handelt. Veröffentlichungen von Ergebnissen auf Grund von Meldungen nach Absatz 1 dürfen keine Einzelangaben enthalten. Eine Zusammenfassung von Angaben mehrerer Auskunftspflichtiger ist keine Einzelangabe im Sinne dieses Absatzes.

§ 9
Unwirksamkeit

Unwirksam sind

1. Verträge zwischen Verleihern und Entleihern sowie zwischen Verleihern und Leiharbeitnehmern, wenn der Verleiher nicht die nach § 1 erforderliche Erlaubnis hat,

2. wiederholte Befristungen des Arbeitsverhältnisses zwischen Verleiher und Leiharbeitnehmer, es sei denn, dass sich für

die Befristung aus der Person des Leiharbeitnehmers ein sachlicher Grund ergibt, oder die Befristung ist für einen Arbeitsvertrag vorgesehen, der unmittelbar an einen mit demselben Verleiher geschlossenen Arbeitsvertrag anschließt,

3. Kündigungen des Arbeitsverhältnisses zwischen Verleiher und Leiharbeitnehmer durch den Verleiher, wenn der Verleiher den Leiharbeitnehmer wiederholt innerhalb von drei Monaten nach Beendigung des Arbeitsverhältnisses erneut einstellt,

4. Vereinbarungen, die dem Entleiher untersagen, den Leiharbeitnehmer zu einem Zeitpunkt einzustellen, in dem dessen Arbeitsverhältnis zum Verleiher nicht mehr besteht,

5. Vereinbarungen, die dem Leiharbeitnehmer untersagen, mit dem Entleiher zu einem Zeitpunkt, in dem das Arbeitsverhältnis zwischen Verleiher und Leiharbeitnehmer nicht mehr besteht, ein Arbeitsverhältnis einzugehen.

§ 10
Rechtsfolgen bei Unwirksamkeit

(1) Ist der Vertrag zwischen einem Verleiher und einem Leiharbeitnehmer nach § 9 Nr. 1 unwirksam, so gilt ein Arbeitsverhältnis zwischen Entleiher und Leiharbeitnehmer zu dem zwischen dem Entleiher und dem Verleiher für den Beginn der Tätigkeit vorgesehenen Zeitpunkt als zu Stande gekommen; tritt die Unwirksamkeit erst nach Aufnahme der Tätigkeit beim Entleiher ein, so gilt das Arbeitsverhältnis zwischen Entleiher und Leiharbeitnehmer mit dem Eintritt der Unwirksamkeit als zu Stande gekommen. Das Arbeitsverhältnis nach Satz 1 gilt als befristet, wenn die Tätigkeit des Leiharbeitnehmers bei dem Entleiher nur befristet vorgesehen war und ein die Befristung des Arbeitsverhältnisses sachlich rechtfertigender Grund vorliegt. Für das Arbeitsverhältnis nach Satz 1 gilt die zwischen dem Verleiher und dem Entleiher vorgesehene Arbeitszeit als vereinbart. Im Übrigen bestimmen sich Inhalt und Dauer dieses Arbeitsverhältnisses nach den für den Betrieb des Entleihers gel-

tenden Vorschriften und sonstigen Regelungen. Sind solche nicht vorhanden, gelten diejenigen vergleichbarer Betriebe. Der Leiharbeitnehmer hat gegen den Entleiher mindestens Anspruch auf das mit dem Verleiher vereinbarte Arbeitsentgelt.

(2) Der Leiharbeitnehmer kann im Falle der Unwirksamkeit seines Vertrages mit dem Verleiher von diesem Ersatz des Schadens verlangen, den er dadurch erleidet, dass er auf die Gültigkeit des Vertrages vertraut. Die Ersatzpflicht tritt nicht ein, wenn der Leiharbeitnehmer den Grund der Unwirksamkeit kannte.

(3) Zahlt der Verleiher das vereinbarte Arbeitsentgelt oder Teile des Arbeitsentgelts an den Leiharbeitnehmer, obwohl der Vertrag nach § 9 Nr. 1 unwirksam ist, so hat er auch sonstige Teile des Arbeitsentgelts, die bei einem wirksamen Arbeitsvertrag für den Leiharbeitnehmer an einen anderen zu zahlen wären, an den anderen zu zahlen. Hinsichtlich dieser Zahlungspflicht gilt der Verleiher neben dem Entleiher als Arbeitgeber; beide haften insoweit als Gesamtschuldner.

(4) In den Fällen des § 9 Nr. 3 ist der Anspruch des Leiharbeitnehmers auf Arbeitsentgelt nicht von seinem Angebot zur Arbeitsleistung abhängig; § 11 des Kündigungsschutzgesetzes gilt entsprechend. Entsprechendes gilt für die Zeit nach Ablauf der Frist, wenn eine Befristung nach § 9 Nr. 2 unwirksam ist.

§ 11
Sonstige Vorschriften über das Leiharbeitsverhältnis

(1) Der Verleiher ist verpflichtet, den wesentlichen Inhalt des Arbeitsverhältnisses in eine von ihm zu unterzeichnende Urkunde aufzunehmen. In der Urkunde sind anzugeben:
　1. Firma und Anschrift des Verleihers, die Erlaubnisbehörde sowie Ort und Datum der Erteilung der Erlaubnis nach § 1,
　2. Vor- und Familiennamen, Wohnort und Wohnung, Tag und Ort der Geburt des Leiharbeitnehmers,

3. Art und besondere Merkmale der von dem Leiharbeitnehmer zu leistenden Tätigkeit, dafür erforderliche Qualifikationen, ein Hinweis darauf, dass der Arbeitnehmer an verschiedenen Orten beschäftigt wird, und etwaige Pflicht zur auswärtigen Leistung,
4. Beginn und Dauer des Arbeitsverhältnisses, Gründe für eine Befristung,
5. Fristen für die Kündigung des Arbeitsverhältnisses,
6. die Zusammensetzung und Höhe des Arbeitsentgelts, einschließlich der Zuschläge, Zulagen, Prämien und Sonderzahlungen sowie anderer Bestandteile des Arbeitsentgelts und deren Fälligkeit,
7. Leistungen bei Krankheit, Urlaub und vorübergehender Nichtbeschäftigung,
8. Zeitpunkt und Ort der Begründung des Arbeitsverhältnisses,
9. die Dauer des jährlichen Erholungsurlaubs,
10. die vereinbarte Arbeitszeit,
11. der in allgemeiner Form gehaltene Hinweis auf die Tarifverträge und Betriebsvereinbarungen, die auf das Leiharbeitsverhältnis anzuwenden sind,
12. die Angaben nach § 2 Abs. 2 des Nachweisgesetzes, wenn der Leiharbeitnehmer länger als einen Monat seine Arbeitsleistung außerhalb der Bundesrepublik Deutschland zu erbringen hat.

Weitere Abreden können in die Urkunde aufgenommen werden. Die Verpflichtung zur Ausstellung der Urkunde nach Satz 1 entfällt, wenn das Arbeitsverhältnis durch eine schriftliche Vereinbarung begründet wird, welche die in Satz 2 geforderten Angaben enthält. Der Verleiher hat dem Leiharbeitnehmer die Urkunde nach Satz 1 oder nach Satz 4 vor Beginn der Beschäftigung, bei einer Auslandstätigkeit des Leiharbeitnehmers spätestens vor der Abreise auszuhändigen und eine Durchschrift drei Jahre lang aufzubewahren. Der Verleiher hat jede Änderung der Angaben nach Satz 2 in eine von ihm zu unterzeichnende Urkunde oder eine schriftliche Vereinbarung aufzunehmen, sie unverzüglich dem Leiharbeitnehmer mitzuteilen und eine Durchschrift ebenfalls drei Jahre lang aufzubewahren.

(2) Der Verleiher ist ferner verpflichtet, dem Leiharbeitnehmer bei Vertragsschluss ein Merkblatt der Erlaubnisbehörde über den wesentlichen Inhalt dieses Gesetzes auszuhändigen. Nicht deutsche Leiharbeitnehmer erhalten das Merkblatt und die Urkunde nach Absatz 1 in ihrer Muttersprache. Die Kosten des Merkblattes trägt der Verleiher.

(3) Der Verleiher hat den Leiharbeitnehmer unverzüglich über den Zeitpunkt des Wegfalls der Erlaubnis zu unterrichten. In den Fällen der Nichtverlängerung (§ 2 Abs. 4 Satz 3), der Rücknahme (§ 4) oder des Widerrufs (§ 5) hat er ihn ferner auf das voraussichtliche Ende der Abwicklung (§ 2 Abs. 4 Satz 4) und die gesetzliche Abwicklungsfrist (§ 2 Abs. 4 Satz 4 letzter Halbsatz) hinzuweisen.

(4) § 622 Abs. 5 Nr. 1 des Bürgerlichen Gesetzbuchs ist nicht auf Arbeitsverhältnisse zwischen Verleihern und Leiharbeitnehmern anzuwenden. Das Recht des Leiharbeitnehmers auf Vergütung bei Annahmeverzug des Verleihers (§ 615 Satz 1 des Bürgerlichen Gesetzbuchs) kann nicht durch Vertrag aufgehoben oder beschränkt werden; § 615 Satz 2 des Bürgerlichen Gesetzbuchs bleibt unberührt.

(5) Der Leiharbeitnehmer ist nicht verpflichtet, bei einem Entleiher tätig zu sein, soweit dieser durch einen Arbeitskampf unmittelbar betroffen ist. In den Fällen eines Arbeitskampfes nach Satz 1 hat der Verleiher den Leiharbeitnehmer auf das Recht, die Arbeitsleistung zu verweigern, hinzuweisen.

(6) Die Tätigkeit des Leiharbeitnehmers bei dem Entleiher unterliegt den für den Betrieb des Entleihers geltenden öffentlich-rechtlichen Vorschriften des Arbeitsschutzrechts; die hieraus sich ergebenden Pflichten für den Arbeitgeber obliegen dem Entleiher, unbeschadet der Pflichten des Verleihers. Insbesondere hat der Entleiher den Leiharbeitnehmer vor Beginn der Beschäftigung und bei Veränderungen in seinem Arbeitsbereich über Gefahren für Sicherheit und

Rechtliche Grundlagen der Arbeitnehmerüberlassung

Gesundheit, denen er bei der Arbeit ausgesetzt sein kann, sowie über die Maßnahmen und Einrichtungen zur Abwendung dieser Gefahren zu unterrichten. Der Entleiher hat den Leiharbeitnehmer zusätzlich über die Notwendigkeit besonderer Qualifikationen oder beruflicher Fähigkeiten oder einer besonderen ärztlichen Überwachung sowie über erhöhte besondere Gefahren des Arbeitsplatzes zu unterrichten.

(7) Hat der Leiharbeitnehmer während der Dauer der Tätigkeit bei dem Entleiher eine Erfindung oder einen technischen Verbesserungsvorschlag gemacht, so gilt der Entleiher als Arbeitgeber im Sinne des Gesetzes über Arbeitnehmererfindungen.

§ 12
Rechtsbeziehungen zwischen Verleiher und Entleiher

(1) Der Vertrag zwischen dem Verleiher und dem Entleiher bedarf der Schriftform. In der Urkunde hat der Verleiher zu erklären, ob er die Erlaubnis nach § 1 besitzt. Der Entleiher hat in der Urkunde zu erklären, welche besonderen Merkmale die für den Leiharbeitnehmer vorgesehene Tätigkeit hat und welche berufliche Qualifikation dafür erforderlich ist.

(2) Der Verleiher hat den Entleiher unverzüglich über den Zeitpunkt des Wegfalls der Erlaubnis zu unterrichten. In den Fällen der Nichtverlängerung (§ 2 Abs. 4 Satz 3), der Rücknahme (§ 4) oder des Widerrufs (§ 5) hat er ihn ferner auf das voraussichtliche Ende der Abwicklung (§ 2 Abs. 4 Satz 4) und die gesetzliche Abwicklungsfrist (§ 2 Abs. 4 Satz 4 letzter Halbsatz) hinzuweisen.

(3) Der Verleiher hat dem Entleiher die für die Meldung nach § 28a Viertes Buch Sozialgesetzbuch erforderlichen Angaben zu machen.

(§ 13 aufgehoben)

§ 14
MITWIRKUNGS- UND MITBESTIMMUNGSRECHTE DES BETRIEBS- UND PERSONALRATES

(1) Leiharbeitnehmer bleiben auch während der Zeit ihrer Arbeitsleistung bei einem Entleiher Angehörige des entsendenden Betriebs des Verleihers.

(2) Leiharbeitnehmer sind bei der Wahl der betriebsverfassungsrechtlichen Arbeitnehmervertretungen im Entleiherbetrieb weder wahlberechtigt noch wählbar. Sie sind berechtigt, die Sprechstunden dieser Arbeitnehmervertretungen aufzusuchen und an den Betriebs- und Jugendversammlungen im Entleiherbetrieb teilzunehmen. Die §§ 81, 82 Abs. 1 und die §§ 84 bis 86 des Betriebsverfassungsgesetzes gelten im Entleiherbetrieb auch in Bezug auf die dort tätigen Leiharbeitnehmer.

(3) Vor der Übernahme eines Leiharbeitnehmers zur Arbeitsleistung ist der Betriebsrat des Entleiherbetriebs nach § 99 des Betriebsverfassungsgesetzes zu beteiligen. Dabei hat der Entleiher dem Betriebsrat auch die schriftliche Erklärung des Verleihers nach § 12 Abs. 1 Satz 2 vorzulegen. Er ist ferner verpflichtet, Mitteilungen des Verleihers nach § 12 Abs. 2 unverzüglich dem Betriebsrat bekannt zu geben.

(4) Die Absätze 1 und 2 Sätze 1 und 2 sowie Abs. 3 gelten für die Anwendung des Bundespersonalvertretungsgesetzes sinngemäß.

§ 15
NICHT DEUTSCHE LEIHARBEITNEHMER OHNE ARBEITSERLAUBNIS

(1) Wer als Verleiher einen nicht deutschen Arbeitnehmer, der eine nach § 19 Abs. 1 Satz 1 des Arbeitsförderungsgesetzes erforderliche Arbeitserlaubnis nicht besitzt, entgegen § 1 einem Dritten ohne Erlaubnis überlässt, wird mit Freiheitsstrafe bis zu drei Jahren oder mit Geldstrafe bestraft.

(2) In besonders schweren Fällen ist die Strafe Freiheitsstrafe von sechs Monaten bis zu fünf Jahren. Ein besonders schwerer Fall liegt in der Regel vor, wenn der Täter gewerbsmäßig oder aus grobem Eigennutz handelt.

§ 15 A
ENTLEIH NICHT DEUTSCHER ARBEITNEHMER OHNE ARBEITSERLAUBNIS

(1) Wer als Entleiher einen ihm überlassenen nicht deutschen Arbeitnehmer, der eine nach § 19 Abs. 1 Satz 1 des Arbeitsförderungsgesetzes erforderliche Erlaubnis nicht besitzt, zu Arbeitsbedingungen des Leiharbeitsverhältnisses tätig werden lässt, die in einem auffälligen Missverhältnis zu den Arbeitsbedingungen deutscher Leiharbeitnehmer stehen, die die gleiche oder eine vergleichbare Tätigkeit ausüben, wird mit Freiheitsstrafe bis zu drei Jahren oder mit Geldstrafe bestraft. In besonders schweren Fällen ist die Strafe Freiheitsstrafe von sechs Monaten bis zu fünf Jahren; ein besonders schwerer Fall liegt in der Regel vor, wenn der Täter gewerbsmäßig oder aus grobem Eigennutz handelt.

(2) Wer als Entleiher
1. gleichzeitig mehr als fünf nicht deutsche Arbeitnehmer, die eine nach § 19 Abs. 1 Satz 1 des Arbeitsförderungsgesetzes erforderliche Erlaubnis nicht besitzen, mindestens dreißig Kalendertage tätig werden lässt oder
2. eine in § 16 Abs. 1 Nr. 2 bezeichnete vorsätzliche Zuwiderhandlung beharrlich wiederholt, wird mit Freiheitsstrafe bis zu einem Jahr oder mit Geldstrafe bestraft. Handelt der Täter aus grobem Eigennutz, ist die Strafe Freiheitsstrafe bis zu drei Jahren oder Geldstrafe.

§ 16
ORDNUNGSWIDRIGKEITEN

(1) Ordnungswidrig handelt, wer vorsätzlich oder fahrlässig
1. entgegen § 1 einen Leiharbeitnehmer einem Dritten ohne Erlaubnis überlässt,
   1a. einen ihm von einem Verleiher ohne Erlaubnis überlassenen Leiharbeitnehmer tätig werden lässt,
2. einen ihm überlassenen nicht deutschen Leiharbeitnehmer, der eine nach § 19 Abs. 1 Satz 1 des Arbeitsförderungsgesetzes erforderliche Erlaubnis nicht besitzt, tätig werden lässt,

Arbeitnehmerüberlassungsgesetz

2a. eine Anzeige nach § 1a nicht richtig, nicht vollständig oder nicht rechtzeitig erstattet,
3. einer Auflage nach § 2 Abs. 2 nicht, nicht vollständig oder nicht rechtzeitig nachkommt,
4. eine Anzeige nach § 7 Abs. 1 nicht, nicht richtig, nicht vollständig oder nicht rechtzeitig erstattet,
5. eine Auskunft nach § 7 Abs. 2 Satz 1 nicht, nicht richtig, nicht vollständig oder nicht rechtzeitig erteilt,
6. seiner Aufbewahrungspflicht nach § 7 Abs. 2 Satz 4 oder nach § 11 Abs. 1 Satz 5 nicht nachkommt,
7. eine statistische Meldung nach § 8 Abs. 1 nicht, nicht richtig, nicht vollständig oder nicht rechtzeitig erteilt,
8. einer Pflicht nach § 11 Abs. 1 Satz 1, 2, 5 oder 6 oder Absatz 2 nicht nachkommt,
9. einen Leiharbeitnehmer länger als zwölf aufeinander folgende Monate bei einem Dritten tätig werden lässt.

(2) Die Ordnungswidrigkeit nach Absatz 1 Nr. 1 und 1a kann mit einer Geldbuße bis zu fünfzigtausend Deutsche Mark, die Ordnungswidrigkeit nach Absatz 1 Nr. 2 mit einer Geldbuße bis zu hunderttausend Deutsche Mark, die Ordnungswidrigkeit nach Absatz 1 Nr. 2a, 3 und 9 mit einer Geldbuße bis zu fünftausend Deutsche Mark, die Ordnungswidrigkeit nach Abs. 1 Nr. 4 bis 5 mit einer Geldbuße bis zu tausend Deutsche Mark geahndet werden.

(3) Verwaltungsbehörden im Sinne des § 36 Abs. 1 Nr. 1 des Gesetzes über Ordnungswidrigkeiten sind die Hauptstelle der Bundesanstalt für Arbeit, die Landesarbeitsämter und die Arbeitsämter jeweils für ihren Geschäftsbereich.

(4) § 66 des Zehnten Buches Sozialgesetzbuch gilt entsprechend.

(5) Die Geldbußen fließen in die Kasse der zuständigen Verwaltungsbehörde. Sie trägt abweichend von § 105 Abs. 2 des Gesetzes über Ordnungswidrigkeiten die notwendigen Auslagen und ist auch ersatzpflichtig im Sinne des § 110 Abs. 4 des Gesetzes über Ordnungswidrigkeiten.

§ 17
Bundesanstalt für Arbeit

Die Bundesanstalt für Arbeit führt dieses Gesetz nach fachlichen Weisungen des Bundesministers für Arbeit und Sozialordnung durch.
Verwaltungskosten werden nicht erstattet.

§ 18
Zusammenarbeit mit anderen Behörden

(1) Zur Verfolgung und Ahndung der Ordnungswidrigkeiten nach § 16 arbeitet die Bundesanstalt für Arbeit insbesondere mit folgenden Behörden zusammen:
1. den Trägern der Krankenversicherung als Einzugsstellen für die Sozialversicherungsbeiträge,
2. den in § 63 des Ausländergesetzes genannten Behörden,
3. den Finanzbehörden,
4. den nach Landesrecht für die Verfolgung und Ahndung von Ordnungswidrigkeiten nach dem Gesetz zur Bekämpfung der Schwarzarbeit zuständigen Behörden,
5. den Trägern der Unfallversicherung,
6. den für den Arbeitsschutz zuständigen Landesbehörden.

(2) Ergeben sich für die Bundesanstalt für Arbeit bei der Durchführung dieses Gesetzes im Einzelfall konkrete Anhaltspunkte für
1. Verstöße gegen das Gesetz zur Bekämpfung der Schwarzarbeit,
2. eine Beschäftigung oder Tätigkeit von nicht deutschen Arbeitnehmern ohne die erforderliche Erlaubnis nach § 19 Abs. 1 des Arbeitsförderungsgesetzes,
3. Verstöße gegen die Mitwirkungspflicht gegenüber einer Dienststelle der Bundesanstalt für Arbeit nach § 60 Abs. 1 Nr. 2 des Ersten Buches Sozialgesetzbuch,
4. Verstöße gegen die Bestimmungen der Reichsversicherungsordnung und des Vierten Buches Sozialgesetzbuch über die Verpflichtung zur Zahlung von Sozialversicherungsbeiträgen, soweit sie im Zusammenhang mit den

ARBEITNEHMERÜBERLASSUNGSGESETZ

in den Nummern 1 bis 3 genannten Verstößen sowie mit Arbeitnehmerüberlassung entgegen §1 stehen,
5. Verstöße gegen die Steuergesetze,
6. Verstöße gegen das Ausländergesetz,

unterrichtet sie die für die Verfolgung und Ahndung zuständigen Behörden sowie die Behörden nach §63 des Ausländergesetzes.

§ 19

Für die Verfolgung und Ahndung von Ordnungswidrigkeiten nach §16 gilt §233a des Arbeitsförderungsgesetzes entsprechend.

(§ 20 weggefallen)

2.1.1 Durchführungsanweisungen zum AÜG

Die Durchführungsanweisungen zum Arbeitnehmerüberlassungsgesetz sind eine wichtige Arbeitsunterlage für die Bundesanstalt für Arbeit. Mit Hilfe der hier getroffenen Festlegungen wird entschieden, ob es sich im Einzelfall um einen Werkvertrag oder um Arbeitnehmerüberlassung handelt (vgl. Kap. 1.1). Die hier aufgeführten Kriterien sind bindend.

**DURCHFÜHRUNGSANWEISUNGEN (DA)
ZUM ARBEITNEHMERÜBERLASSUNGSGESETZ (AÜG)**
(TEIL-DA ZU ART. 1 § 1 AÜG,
RUNDERLASS 13/95 DER BUNDESANSTALT FÜR ARBEIT)

Abgrenzung zwischen Arbeitnehmerüberlassung und Entsendung von Arbeitnehmern im Rahmen von Werk- und selbstständigen Dienstverträgen sowie anderen Formen drittbezogenen Personaleinsatzes

1.1 Die Tätigkeit von Arbeitnehmern in Drittbetrieben kann auf einer Vielzahl von Vertragstypen beruhen. Für die

Durchführung des AÜG ist die gewerbsmäßige Arbeitnehmerüberlassung (ANÜ) von Bedeutung. Sie liegt vor, wenn ein Arbeitgeber (Verleiher) gewerbsmäßig Arbeitnehmer (Leiharbeitnehmer) Dritten (Entleihern) zur (fremdbestimmten) Arbeitsleistung überlässt.

1.10 Für das AÜG gilt der allgemeine gewerberechtliche Begriff der Gewerbsmäßigkeit. Er setzt Gewinnerzielungsabsicht und Wiederholungsabsicht voraus.
Die für die Annahme der Gewerbsmäßigkeit erforderliche Gewinnerzielungsabsicht bezieht sich auf das Gesamtunternehmen. Es ist unerheblich, ob ANÜ Hauptzweck des Unternehmens ist oder nicht. Die Gewinnerzielungsabsicht liegt auch dann vor, wenn nur Verluste verringert werden sollen.
Bei wiederholter ANÜ durch einen Gewerbebetrieb ist daher grundsätzlich Gewerbsmäßigkeit anzunehmen. Gewerbsmäßigkeit ist auch gegeben, wenn es sich bei der ANÜ um eine im Geschäftsinteresse liegende Kundenserviceleistung handelt. Nur wenn außergewöhnliche Umstände – z.B. Unentgeltlichkeit der ANÜ, Hilfe in Katastrophenfällen – vorliegen, kann bei ANÜ durch einen Gewerbebetrieb Gewerbsmäßigkeit verneint werden.

1.11 Der Arbeitnehmerbegriff des AÜG entspricht dem des Arbeitsrechts. Für die Frage, ob jemand Dienstleistungen als Arbeitnehmer erbringt oder als Selbstständiger bzw. freier Mitarbeiter, kommt es in erster Linie auf den Grad der persönlichen Abhängigkeit an. Insbesondere folgende Umstände sind zu berücksichtigen: Umfang der Weisungsgebundenheit, Unterordnung unter andere im Dienste des Geschäftsherrn stehende Personen, Bindung an feste Arbeitszeiten, Ort der Erledigung der Tätigkeit, Form der Vergütung (Einzelhonorar oder Monatsentgelt).
Mitglieder von Orden oder Schwesternschaften stehen in keinem Arbeitsverhältnis. Dies trifft in der Regel auch bei Gesellschaftern, Genossen einer Genossenschaft und Vereinsmitgliedern im Verhältnis zu ihrer Organisation zu.

Durchführungsanweisungen zum AÜG

In bestimmten Fällen – insbesondere bei Diensten höherer Art (§ 622 BGB) – kann die Weisungsgebundenheit, soweit sie die Ausführung der Arbeit betrifft, weitgehend eingeschränkt sein (z. B. hochwertige Architekten- oder Ingenieurleistungen). In diesen Fällen erhält das Merkmal der Eingliederung in einen übergeordneten Organismus für die Abgrenzung zwischen abhängig geleisteter Arbeit und selbstständig verrichteten Diensten größeres Gewicht (vgl. im übrigen DA 1.5).

1.12 Für das Vorliegen von ANÜ ist Voraussetzung, dass der überlassene Arbeitnehmer dem Entleiher zur Arbeitsleistung überlassen wird (das ist z. B. nicht der Fall, wenn Auszubildende Dritten zu Ausbildungszwecken überlassen werden). Deshalb kommt es entscheidend darauf an, ANÜ von dem Tätigwerden von Erfüllungsgehilfen im Rahmen von Werk-, Dienst-, Dienstverschaffungs- und Geschäftsbesorgungsverträgen abzugrenzen.

1.2 Bei der Unterscheidung zwischen ANÜ und anderen Formen drittbezogenen Personaleinsatzes darf nicht schematisch vorgegangen werden. Das Vorliegen eines oder mehrerer Kriterien muss noch nicht für oder gegen einen bestimmten Vertragstyp sprechen; dies gilt insbesondere, wenn eine objektiv berechtigte Notwendigkeit bestand. Im Hinblick auf die Vielfalt der denkbaren Vertragsgestaltungen gibt erst eine (qualitative) Gewichtung der maßgeblichen Abgrenzungskriterien (vgl. DA 1.3 ff.) im Rahmen einer wertenden Gesamtbetrachtung zuverlässigen Aufschluss über die Zuordnung drittbezogenen Personaleinsatzes zu einer bestimmten Vertragsform.

1.3 Grundsätzlich ist der Geschäftsinhalt der zwischen den Beteiligten vereinbarten Verträge entscheidend. Der Geschäftsinhalt kann sich sowohl aus den schriftlichen Vereinbarungen der Beteiligten als auch aus der praktischen Durchführung der Verträge ergeben. Widersprechen sich allerdings schriftliche Vereinbarungen und tatsächliche Durchführung des Vertrages, so kommt es auf die tatsächliche Durchführung an. Diese ist für die Ermittlung des Vertragstyps maßgebend.

1.4 Auf Grund der Werkvertragsvorschriften des BGB (§§ 631 ff.) und der ständigen Rechtsprechung des BAG, der sich auch andere Bundesgerichte angeschlossen haben, liegen gefestigte Maßstäbe für die Abgrenzung zwischen Werkverträgen und Verträgen auf ANÜ nach Art. 1 § 1 AÜG vor.

Hiernach sprechen gegen das Vorliegen von ANÜ insbesondere folgende Kriterien:
- Vereinbarung und Erstellung eines qualitativ individualisierbaren und dem Werkunternehmer zurechenbaren Werkergebnisses (vgl. DA 1.41.1 ff.);
- unternehmerische Dispositionsfreiheit des Werkunternehmers gegenüber dem Besteller (vgl. DA 1.42.1 ff.);
- Weisungsrecht des Werkunternehmers gegenüber seinen im Betrieb des Bestellers tätigen Arbeitnehmern, wenn das Werk dort zu erstellen ist (vgl. DA 1.42.1 ff.);
- Tragen des Unternehmerrisikos, insbesondere der Gewährleistung, durch den Werkunternehmer (vgl. DA 1.43.1 ff.);
- erfolgsorientierte Abrechnung der Werkleistung (vgl. DA 1.44).

1.41.1 Voraussetzung für einen Werkvertrag ist u. a., dass das zu erstellende Werk von vornherein ausreichend genau beschrieben ist, um so die erforderliche qualitative Individualisierung vornehmen und das Werkergebnis dem Werkunternehmer zuordnen zu können. Diese Voraussetzung gilt auch dann als erfüllt, wenn das Werkergebnis als Ziel zwar klar definiert ist, sich die einzelnen Realisierungsschritte aber erst während der Durchführung ergeben (z. B. Erstellung eines Personalabrechnungssystems durch Software, Reparaturarbeiten an einer Anlage). Unbestimmte vertragliche Ziele (z. B. Mitarbeit im Betrieb) indizieren den Verdacht, dass gar nicht beab-

Durchführungsanweisungen zum AÜG

sichtigt ist, ein näher beschriebenes Werk zum Gegenstand des Vertrages zu machen.

Ein typisches Element des Werkvertrages ist der projekt- und erfolgsbezogene Einsatz der im Betrieb des Werkbestellers tätig werdenden Arbeitnehmer des Werkunternehmers. Allein der Umstand, dass Arbeitnehmer des Bestellerbetriebes der Tätigkeit des Werkunternehmers vergleichbare Arbeiten auf dem eigenen Werksgelände durchführen (z. B. Softwareerstellung durch Arbeitnehmer des Bestellers und gleichzeitige, aber auf ein anderes Projekt bezogene Softwareerstellung durch Arbeitnehmer des Werkunternehmers), steht dem nicht entgegen. Die mangelnde Abgrenzbarkeit des Arbeitsergebnisses, bezogen auf die von den Arbeitnehmern des Bestellerbetriebes verrichtete Arbeit, deutet darauf hin, dass tatsächlich ANÜ betrieben wird.

1.41.2 Gegen einen Werkvertrag können – trotz der heutzutage im modernen Arbeitsleben fortschreitenden Arbeitsteilung – folgende Vertragsinhalte sprechen:–
Wenn gleichzeitig oder über einen bestimmten Zeitraum eine Summe von Klein- und Kleinst-»Projekten« vergeben wird (Aufteilung des Gewerks bis zur Atomisierung, z. B. Schweißnähte, Verputzarbeit geringen Umfangs im Leistungslohn);

– wenn lediglich die Leistung (nicht erfolgsbezogener) einfacherer Arbeiten benötigt wird (z. B. Schreibarbeiten, Botendienste, einfache Zeichenarbeiten, Maschinenbedienung, Dateneingabe – vgl. aber hierzu Ziff. 1.5 zum Dienstvertrag).
Anhaltspunkte dafür, ob überhaupt eine werkvertragsfähige Leistung vorliegt, können auch den schriftlichen Vereinbarungen der Vertragsparteien entnommen werden. Das Werk muss in aller Regel im Angebot präzise beschrieben sein. Allgemeine Formulierungen ohne Präzisierung des Auftragsgegenstandes wie »Montage ...« oder »Schweißen ...« genügen nicht. Die Beschreibung der auszuführenden

Arbeiten soll so eindeutig sein, dass im Konfliktfalle (Abrechnung, Haftung wegen mangelnder Ausführung) bestimmbar ist, wer die Arbeiten ausgeführt hat. Eine genaue Beschreibung der einzelnen Realisierungsschritte ist jedoch nicht notwendig (siehe auch Ziff. 1.41.1), wenn der Leistungserfolg im Vertrag hinreichend bestimmt ist.

1.41.3 Für die Zuordnung der zwischen den Vertragsparteien vereinbarten Geschäftsinhalte zu einem bestimmten Vertragstyp kann im Einzelfall auch die Prüfung der Frage hilfreich sein, ob ein Unternehmer nach seiner materiellen Ausstattung (Kapital, Maschinen, Fahrzeuge, Werkzeuge, Materialien, eine dem Unternehmen entsprechende büromäßige Organisation, Versicherungsschutz usw.) sowie der eigenen fachlichen Kompetenz und die seiner Erfüllungsgehilfen überhaupt in der Lage ist, einen anderen Geschäftszweck als den der ANÜ zu betreiben. Ist z.B. die auftragnehmende Vertragspartei in ihrer unternehmerischen Eigenverantwortung und Dispositionsfreiheit dadurch stark eingeschränkt, dass nur der Besteller über die für die Erfüllung des Vertrages wesentlichen Betriebsmittel verfügt, so spricht dieser Umstand eher für einen ANÜ-Vertrag. Das Gleiche gilt, wenn der Werkunternehmer kein hinreichend qualifiziertes Personal beschäftigt, welches die geschuldete Leistung selbstständig planen und organisieren und schließlich auch selbstständig und eigenverantwortlich durchführen und überwachen kann.

1.41.4 Der Einsatz eigener Arbeitsmittel und Materialien durch Werkunternehmer bzw. ihre Erfüllungsgehilfen spricht regelmäßig gegen ANÜ. Auch bei Nutzung von Fremdmaterial oder beigestellten Betriebsstoffen (z.B. Schmiermitteln) braucht nicht ANÜ vorzuliegen.

1.41.5 Die Beachtung oder Nichtbeachtung öffentlich-rechtlicher Ordnungsvorschriften (z.B. HandwO, GewO, 2. DEVO) ist kein zuverlässiges Abgrenzungskriterium. Allerdings kann die Verletzung einschlägiger Vorschriften auf mangelnde fachliche Qualifikation hindeuten. Ferner kann z. B. das Fehlen eines handwerklichen Befähigungsnachweises (Meisterprüfung) zusätzlich die Auffassung stützen, dass kein Werkvertrag vorliegt.

1.42.1 Bei Werkverträgen organisiert der Unternehmer die zur Erreichung eines wirtschaftlichen Erfolges notwendigen Handlungen selbst, wobei er sich eines Erfüllungsgehilfen bedienen kann. Dabei bleibt der Unternehmer für die Erfüllung der im Vertrag vorgesehenen Dienste oder für die Herstellung des geschuldeten Werks verantwortlich. Daher kann ein Werkvertrag nur bejaht werden, wenn der Unternehmer Art, Ablauf und Einteilung der Arbeiten selbst bestimmt und der Dritte kein Weisungsrecht gegenüber den Arbeitnehmern des Herstellers hat.

Vertragstypische Rechte/Pflichten des Werkunternehmers sind insbesondere:
– Entscheidung über Auswahl der eingesetzten Arbeitnehmer (Zahl, Qualifikation und Person),
– Ausbildung und Einarbeitung,
– Bestimmung der Arbeitszeit und Anordnung von Überstunden,
– Gewährung von Urlaub und Freizeit,
– Durchführung der Anwesenheitskontrolle,
– Überwachung der Ordnungsmäßigkeit der Arbeitsabläufe.

Werden derartige Funktionen vom angeblichen Werkbesteller wahrgenommen, so spricht dies für ANÜ (siehe aber DA 1.42.2 und 1.42.3).

1.42.2 Die organisatorische Eingliederung in die Arbeitsabläufe oder in den Produktionsprozess des Bestellerbetriebes spricht grundsätzlich für ANÜ. Der Bestellerbetrieb kann aber z. B. besonderen Sicherheitsvorschriften hinsichtlich der auf seinem Gelände beschäftigten Arbeitnehmer unterliegen oder aus Kapazitätsgründen nur für den Einsatz einer beschränkten Zahl von Werkvertragsarbeitnehmern aufnahmefähig sein. Auch müssen betriebliche

Rechtliche Grundlagen der Arbeitnehmerüberlassung

Gegebenheiten der Bestellerseite im Rahmen der Eingliederungsprüfung berücksichtigt werden; so können z. B. werkvertragliche Instandhaltungsarbeiten, Anlageumbauten oder -weiterungen auf betriebliche Produktionsabläufe abzustimmen sein, um Produktionsausfälle zu mindern. Immer aber muss ein abgrenzbares Werkergebnis vorliegen (siehe DA 1.41.1).

Eingliederung ist nicht schon dann gegeben, wenn im Rahmen eines Vertrages Entwicklungs- oder Planungsarbeiten von den Vertragsparteien gemeinsam im Betrieb eines der Vertragspartner durchgeführt werden; immer aber muss eine abgrenzbare und einem Vertragspartner zurechenbare Leistung vorliegen.

1.42.3 Der Werkunternehmer hat sicherzustellen, dass er selbst oder seine Repräsentanten (z. B. Meister, Obermonteure, Projektleiter, Vorarbeiter) Weisungs- und Aufsichtsbefugnisse tatsächlich ausüben. Beim Einsatz von Erfüllungsgehilfen muss gewährleistet sein, dass diese im Betriebsgelände des Werkbestellers tätigen Arbeitnehmer ihre Arbeitsleistung in weit gehender Selbstständigkeit, d. h. ohne Unterstellung unter das Weisungsrecht des Werkbestellers oder dessen Repräsentanten, erbringen. Dies schließt nicht aus, dass der Besteller betriebsspezifische Hinweise/Anweisungen (z. B. Anweisung zur Schadensvermeidung) gibt.

Außerdem kann der Werkbesteller gegenüber dem Werkunternehmer ein vertraglich ausbedungenes (An-)Weisungsrecht haben (vgl. § 645 BGB). Es kann auch gegenüber dem entsandten Erfüllungsgehilfen (Repräsentanten) des Werkunternehmers bestehen. Ein sehr weit gehendes Anweisungsrecht des Werkbestellers kann im Einzelfall dafür sprechen, dass der Erfüllungsgehilfe im Ergebnis dem Weisungsrecht des Werkbestellers unterliegt. Das (An-)Weisungsrecht des Werkbestellers unterscheidet sich aber grundlegend vom (Arbeitgeber-)Weisungsrecht des Werkunternehmers; es beinhaltet lediglich projektbezogene Ausführungsanweisungen und ist damit gegenständlich beschränkt auf die Herstellung des jeweils geschuldeten Werkes; es darf sich nicht auf die einzelne Arbeitsverrichtung, sondern nur auf das Arbeitsergebnis (auch Sachfortschrittskontrolle) beziehen.

1.43.1 Der Werkunternehmer trägt im Vergleich zum Verleiher ein erhöhtes Unternehmerrisiko. Der Werkunternehmer trägt die Vergütungsgefahr (§ 644 i.V.m. §§ 640 und 646 BGB) und die Gewährleistungspflicht (§ 633 Abs. 1 BGB). Dabei muss er sich das Verschulden seiner Erfüllungsgehilfen anrechnen lassen (§ 278 BGB). Ein »echter« Werkunternehmer wird gegen diese Risiken entsprechend abgesichert sein (Versicherungen, Rückstellungen). Werkvertragstypisch ist auch die Vereinbarung einer Konventionalstrafe. Der Verleiher muss demgegenüber nur für die fristgerechte Gestellung von Arbeitnehmern und Auswahlverschulden einstehen.

1.43.2 Besteht im Falle des zufälligen Untergangs des geschuldeten (Teil-)Werks vor Abnahme durch den Werkbesteller trotz erbrachter Arbeitsleistungen der im Bestellerbetrieb tätig gewesenen Arbeitnehmer kein Anspruch auf Vergütung für die aufgewandte Arbeitszeit sowie für die sonstigen Kosten (z.B. für den Einsatz von Maschinen oder Werkzeug), spricht dies in aller Regel für einen Werkvertrag.

1.43.3 Kennzeichnend für den Werkvertrag ist der Umstand, dass der Werkunternehmer dem Besteller die vertragsgemäße, mangelfreie und rechtzeitige (fristgerechte) Herstellung des Werkes (§ 633 Abs. 1 BGB) schuldet; der Besteller braucht ein fehlerbehaftetes Werk nicht abzunehmen.

Für das Bestehen einer Gewährleistungspflicht sprechen insbesondere folgende Rechte des Bestellers:
- Einrede des nicht erfüllten Vertrages (§ 320 BGB)
- Beseitigung des Mangels (Nachbesserung gem. § 633 Abs. 2, 3 BGB)

- Rückgängigmachung des Vertrages (Wandlung) oder die Herabsetzung der Vergütung (Minderung) gem. § 634 BGB
- Schadensersatz wegen Nichterfüllung (§ 635 BGB) – Rücktritt vom Vertrag (§ 636 BGB).
  Diese Rechte müssen nicht ausdrücklich vereinbart sein, da sie sich aus dem Gesetz ergeben. Sie dürfen allerdings nicht vertraglich abbedungen sein oder bei der tatsächlichen Abwicklung nicht in Anspruch genommen werden.

1.43.4 Das Abbedingen der Gewährleistungspflicht spricht dann nicht für ANÜ, wenn es durch »Allgemeine Geschäftsbedingungen« oder z.B. die »Verdingungsordnung für Bauleistungen – VOB« oder ähnliche Regelungswerke (»Leistungs- und Honorarordnung der Ingenieure – LHO«, »Honorarordnung für Architekten und Ingenieure – HOAI«) erfolgt.

1.43.5 Auf das Vorliegen von ANÜ deutet dagegen hin, wenn in den Verträgen zwar Regelungen über die Gewährleistungspflicht und die Vergütungsgefahr vorgesehen und – zur Tarnung – auch Leistungen gewährt, aber dann wieder rückvergütet werden. Gleiches gilt, wenn bei einer summenmäßigen Haftungsbeschränkung und bei einem Ausschluss des Rücktrittsrechts die Gewährleistung in keinem Verhältnis mehr zu den tatsächlichen Gefahren steht.

1.44 Auch die Bemessungsgrundlage für das Entgelt kann aufschlussreich sein. Bei einem Werkvertrag wird die Vergütungsregelung regelmäßig entweder in einer Pauschalsumme für das Gesamtwerk oder einzelne Teilabschnitte (Pauschalpreis) oder in einem Einheitspreis nach den vereinbarten Berechnungsmaßstäben (Material- und Zeitaufwand, Aufmaß, Regiekosten) bestehen. Dies schließt die Abrechnung nach Stundensätzen in bestimmten Fällen nicht aus, insbesondere wenn objektiv feststellbare Tatsachen vorliegen, die einer Kalkulierbarkeit entgegenstehen, oder wenn im

Rahmen bestimmter Regelungswerke (z. B. HOAI) die Abrechnung nach Stundensätzen zugelassen wird.

Auch wenn die Abrechnung nicht auf Stundenbasis, sondern nach Kubikmetern, Kilogramm oder Tonnen vorgenommen wird, kann gewerbsmäßige ANÜ vorliegen (LSG SH, Urteil vom 29.03.1978 – L1 Ar 63/77 – und 19.04.1978 – L1 Ar 20/76). Das Gleiche gilt, wenn vom (Teil-)Werkergebnis (z. B. Baufortschritt) unabhängige Abschlagszahlungen oder solche ohne Schlussrechnung vorgenommen werden.

1.5 Anders als bei Werkvertragsverhältnissen wird bei Dienstverträgen kein bestimmter Erfolg, sondern eine bestimmte Tätigkeit geschuldet. Ein Dienstvertrag liegt nur dann vor, wenn der Dienst leistende Unternehmer die geschuldeten Dienste entweder in Person oder mittels seiner Erfüllungsgehilfen unter eigener Verantwortung und nach eigenem Plan ausführt (Organisation der Dienstleistung, zeitliche Disposition, Zahl der Erfüllungsgehilfen, Eignung der Erfüllungsgehilfen usw.). Das bedeutet insbesondere, dass die Erfüllungsgehilfen in Bezug auf die Ausführung der zu erbringenden Dienstleistung im Wesentlichen frei von Weisungen seitens des Arbeitgeberrepräsentanten des Drittbetriebes sind und ihre Arbeitszeit selbst bestimmen können. Ein drittbezogener Personaleinsatz auf dienstvertraglicher Basis ist daher nur in den aufgezeigten engen Grenzen möglich, etwa bei Dienstleistungen, die gegenständlich umschrieben werden können und deren Ausführung keine Integration in die Betriebsorganisation des Drittbetriebes bedingen. Dies wird z. B. im Rahmen eines Bewachungsvertrages der Fall sein.

1.6 Da ANÜ eine Form der Dienstverschaffung, nämlich die Verschaffung von Arbeitsleistungen, ist, kann ein von ANÜ abzugrenzender Dienstverschaffungsvertrag nur dann in Betracht kommen, wenn ein Vertragspartner die Verpflichtung übernimmt, dem anderen Vertragspartner nicht die Arbeitsleistung, sondern die selbstständige

Rechtliche Grundlagen der Arbeitnehmerüberlassung

Dienstleistung eines Dritten zu verschaffen. Voraussetzung dafür ist, dass der überlassene Dritte in wirtschaftlicher und sozialer Selbstständigkeit und Unabhängigkeit die Dienste (z. B. als Wirtschaftsprüfer) leistet. Arbeitsvertragliche Beziehungen bzw. auf Grund der tatsächlichen Verhältnisse gegebene persönliche Abhängigkeit zu einem der Vertragspartner schließen einen derartigen Dienstverschaffungsvertrag aus. Es liegt dann entweder ANÜ oder Arbeitsvermittlung vor.

1.7 Vom Werkvertrag zu unterscheiden ist der Geschäftsbesorgungsvertrag (§ 675 BGB), der auf eine selbstständige Tätigkeit wirtschaftlicher Art gerichtet ist. Ein Geschäftsbesorgungsvertrag liegt z. B. vor, wenn eine Werbefirma den Auftrag erhält, eine Werbeaktion mit eigenen personellen und sachlichen Mitteln durchzuführen.

1.8 Wird als Nebenleistung eines Kauf- oder Mietvertrages über Anlagen, Geräte, Systeme oder Programme Bedienungs-, Wartungs-, Montage- oder Einweisungspersonal überlassen (z. B. Computer und Programme mit Einweisungspersonal, Spezialbaumaschine mit Fahrer, Flugzeug mit Pilot), wird in aller Regel nicht von ANÜ auszugehen sein, wenn der wirtschaftliche Wert der Anlagen, Geräte, Systeme oder Programme erheblich höher ist als die Arbeitsleistung. Bei der Vermietung einer Schreibmaschine mit Personal muss dagegen ANÜ angenommen werden.

1.9 Entsendet ein Unternehmen, das technische Produktionsanlagen, Einrichtungen oder Systeme herstellt und errichtet, eigenes Stammpersonal zu einem Betreiber derartiger Anlagen, Einrichtungen oder Systeme, um typische Revisions-, Instandhaltungs-, Inbetriebnahme-, Änderungs-, Erweiterungsarbeiten oder Ingenieurleistungen daran durchzuführen, so ist in der Regel nicht von ANÜ auszugehen, wenn das entsendende Unternehmen das Unternehmerrisiko trägt und seine unternehmerische Dispositionsfreiheit gewährleistet ist.

1.91 Entsendet ein Unternehmen, das Software-Programme herstellt, eigenes Stammpersonal
- zu einem Anwender, um ein derartiges Programm auf dessen Anlagen ablauffähig zu machen oder zu entwickeln, oder
- zu einem anderen Hersteller (sog. Entwickler), um aus vom entsendenden Unternehmen erstellten Teilprogrammen ein Gesamtprogramm auf dessen Anlagen zu entwickeln oder zu erproben, so ist in der Regel nicht von ANÜ auszugehen, wenn das entsendende Unternehmen das Unternehmerrisiko trägt und seine unternehmerische Dispositionsfreiheit gewährleistet ist. Die kontinuierliche Anwendung eines Programms durch Fremdkräfte ist in der Regel ANÜ.

1.92 Entsendet ein Unternehmen, das Material, Teile oder Komponenten für Fertigungsprozesse des Bestellers liefert, eigenes Personal zu dem Besteller zum Einbau der Liefergegenstände, so ist in der Regel nicht von ANÜ auszugehen, wenn der Einbau einen geschuldeten Teil der vertraglich festgelegten Gesamtleistung darstellt. Dies gilt nicht, wenn der wirtschaftliche Wert der einzubauenden Teile nicht erheblich höher als der Wert der Arbeitsleistung ist.

RECHTLICHE GRUNDLAGEN DER ARBEITNEHMERÜBERLASSUNG

2.2 Welche anderen Rechtsvorschriften sind für die Zeitarbeit wichtig?

Neben den spezifischen Gesetzen und Anweisungen, die gezielt für die Durchführung der Arbeitnehmerüberlassung in Deutschland geschaffen wurden, gelten für die Zeitarbeit die gleichen Maßgaben wie für alle anderen Unternehmen.

Von besonderer Bedeutung im täglichen Geschäft der Arbeitskräfteverleiher sind natürlich die Arbeitsgesetze.

In den nachfolgenden Abschnitten werden deshalb die wesentlichen Rechtsvorschriften beleuchtet, die Zeitarbeitsunternehmen beim Umgang mit Kunden und Mitarbeitern zu beachten haben.

Zeitarbeitsunternehmen sind nicht tarifgebunden

Zu berücksichtigen ist dabei, dass Zeitarbeitsunternehmen nicht tarifgebunden sind. Der Bundesverband Zeitarbeit e.V. (BZA), vgl. Kap. 13.1, bzw. sein Vorläufer, der Unternehmensverband der Zeitarbeit (UZA), hat 1969 einen Tarifvertrag mit der DAG abgeschlossen. Dieser Vertrag bestand 20 Jahre, bezog sich allerdings nur auf die internen Angestellten der Zeitarbeitsbranche, nicht aber auf die gewerblichen Mitarbeiter. Seit der Kündigung dieser Tarifpartnerschaft im Jahre 1989 gibt es lediglich für die Mitgliedsfirmen im BZA eine Festlegung im Hinblick auf die Arbeitsbedingungen und Sozialleistungen.

In vielen Fällen ist für die Zeitarbeitsbranche deshalb die gesetzliche Regelung maßgeblich, wenn es um die Ansprüche von Arbeitnehmern geht.

UMSO WICHTIGER IST ES FÜR DIE BEWERBER BEI ZEITARBEITSUNTERNEHMEN, DIE KONDITIONEN UND SOZIALLEISTUNGEN INNERHALB DER BRANCHE ZU VERGLEICHEN.

2.2.1 Arbeitsförderungsgesetz (AFG)

Zeitarbeitsunternehmen dürfen keine gewerblichen Mitarbeiter in Betriebe des Bauhauptgewerbes überlassen

Im AFG (erlassen 1972) ist in § 12a verbindlich geregelt, dass Zeitarbeitsunternehmen keine Mitarbeiter in Betriebe des Baugewerbes überlassen dürfen, wenn diese Arbeitnehmer Tätigkeiten ausführen, die üblicherweise von Arbeitern verrichtet werden.

Weitere wichtige Rechtsvorschriften

Damit steht im Umkehrschluss fest, dass gegen die Überlassung einer kaufmännischen Kraft oder eines Poliers keine Bedenken bestehen, da diese Personen üblicherweise als Angestellte tätig sind.

Es stellt sich aber ferner die Frage, welche Betriebe nun Baubetriebe im Sinne dieses Gesetzes sind, d.h. welche Unternehmen von diesem Überlassungsverbot in das Bauhauptgewerbe betroffen sind.

Hierzu erklärt der Gesetzgeber in seiner Kommentierung, dass es sich um solche Betriebe handelt, in denen die ganzjährige Beschäftigung in der Bauwirtschaft zu fördern ist.

Die BAUBETRIEBE-VERORDNUNG (vgl. 2.2.10) grenzt diese Betriebe exakt ein. Ein Zeitarbeitsunternehmen, das gewerbliche Arbeitskräfte (z.B. Maurer und Putzer, aber auch Bauhilfskräfte oder Transportarbeiter) an Betriebe des Bauhauptgewerbes überlässt, macht sich daher strafbar.

Dieses ÜBERLASSUNGSVERBOT IN DAS BAUHAUPTGEWERBE wurde vom Bundesverfassungsgericht durch ein Urteil vom 06.10.87 bestätigt. Inwieweit eine solche gesetzliche Regelung gegenwärtig den Erfordernissen eines funktionierenden Arbeitsmarktes gerecht wird, haben der Gesetzgeber und allenfalls das Bundesverfassungsgericht zu klären, wenn es denn erneut zu einer Klage gegen diese Rechtsvorschrift kommt.

Nicht wenige Kenner des Arbeitsmarktes gehen aber davon aus, dass die Schwarzarbeit im Baugewerbe auch deshalb extreme Formen angenommen hat, weil den Baubetrieben hiermit die Möglichkeit genommen wurde, sich bei lizenzierten Zeitarbeitsunternehmen mit temporären gewerblichen Arbeitskräften zu versorgen.

Das AFG beschäftigt sich ferner mit der Beschäftigung von Ausländern.

Staatsangehörige eines Mitgliedstaates der EU können auch in der Zeitarbeit ohne Vorliegen einer Arbeitserlaubnis beschäftigt werden.

Für ausländische Arbeitnehmer, die aus Nicht-EU-Ländern stammen, gelten hingegen die Vorschriften der ARBEITS-ERLAUBNISVERORDNUNG (AEVO). Die AEVO unterscheidet zwi-

Die Arbeitserlaubnisverordnung regelt die Beschäftigung ausländischer Arbeitnehmer, die aus Nicht-EU-Ländern stammen

schen einer »allgemeinen« und einer »besonderen« Arbeitserlaubnis. Um in der Zeitarbeit tätig zu werden, muss dieser Personenkreis sowohl eine gültige Aufenthaltserlaubnis, als auch die besondere Arbeitserlaubnis (nach §1 Abs. 2 AEVO) vorweisen können.

Der Verleiher ist verpflichtet, jedem ausländischen Mitarbeiter das Merkblatt der Bundesanstalt für Arbeit (vgl. Teil A; Kap. 12.1) in seiner Muttersprache auszuhändigen. Hierauf kann nur dann verzichtet werden, wenn der betreffende Arbeitnehmer die deutsche Sprache perfekt beherrscht, z. B. dann, wenn er deutsche Schulen besucht hat.

Etwa 20% der Arbeitnehmer, die bei deutschen Zeitarbeitsunternehmen beschäftigt sind, haben keine deutsche Staatsangehörigkeit; das sind rund 27.000 Menschen.

2.2.2 Beschäftigungsförderungsgesetz

Das 1985 geschaffene Beschäftigungsförderungsgesetz (mit seinen jeweiligen Ergänzungen) hatte bis vor kurzem eine große Bedeutung für einzelne Festlegungen zum Thema Zeitarbeit. Da eine Erneuerung des Arbeitnehmerüberlassungsgesetzes, das immerhin aus dem Jahr 1972 stammt, lange Zeit auf sich warten ließ, wurde hier z. B. die jeweils gültige maximale Überlassungsdauer festgesetzt.

Durch die Novelle zum 01.04.97 hat das AÜG wieder selbst die vollständige Regelung aller wichtigen Belange zum Thema Zeitarbeit übernommen.

2.2.3 Bundesurlaubsgesetz

Das Bundesurlaubsgesetz verbrieft das grundsätzliche Recht eines jeden Arbeitnehmers auf Erholungsurlaub. Da alle Arbeiter und Angestellten sowie Auszubildende als Arbeitnehmer im Sinne dieses Gesetzes anzusehen sind, bezieht sich dies auch auf die Leiharbeitnehmer.

Urlaubstage als »Werk-« oder »Arbeitstage«?

Die Mindesthöhe des Urlaubsanspruchs ist mit 24 Werktagen pro Kalenderjahr festgelegt. Wichtig ist hierbei die Unterscheidung zwischen Werktagen und Arbeitstagen. Während die Samstage als Urlaubstage anzurechnen sind, wenn im betreffenden Arbeitsvertrag »Werktage« als Formulierung gewählt wurde, trifft das bei der Formulierung »Arbeitstage« nicht zu.

Weitere wichtige Rechtsvorschriften

Die meisten Firmen vereinbaren, anders als im Gesetz verankert, mittlerweile jedoch den Urlaub nach Arbeitstagen (also üblicherweise 5 Tage pro Woche).

Der Gesetzgeber wollte mit dieser Festlegung einen Mindesturlaub von 4 Wochen pro Kalenderjahr verbindlich vorschreiben. Die überwiegende Zahl der Unternehmen gewährt allerdings eine höhere Anzahl an bezahlten Urlaubstagen.

24 Arbeitstage pro Jahr (also knapp 5 Wochen) sind in der Zeitarbeitsbranche derzeit etwa der Durchschnitt. Einige Unternehmen staffeln den individuellen Urlaubsanspruch zudem nach der Betriebszugehörigkeit des Mitarbeiters. Hiermit soll die Firmentreue belohnt werden.

24 Arbeitstage Urlaub im Jahr ist etwa der Durchschnitt in der Zeitarbeitsbranche

Der Mitarbeiter hat gemäß Bundesurlaubsgesetz in den ersten sechs Beschäftigungsmonaten keinen Rechtsanspruch auf den tatsächlichen Antritt eines Erholungsurlaubs. Trotzdem gehen ihm die anteilig erworbenen Urlaubstage nicht verloren. Wird mindestens ein Beschäftigungsmonat vollendet, hat der Arbeitgeber den erworbenen Urlaubsanspruch beim Austritt des Mitarbeiters abzugelten, wenn der Urlaubsantritt nicht möglich ist. In einem solchen Fall spricht man von der finanziellen Urlaubsabgeltung.

Das Urlaubsentgelt (bei tatsächlichem Antritt) bemisst sich ebenso wie die etwaige Urlaubsabgeltung nach dem durchschnittlichen Arbeitsverdienst der letzten dreizehn Wochen. Überstunden sind hierbei allerdings nicht zu berücksichtigen.

2.2.4 Entgeltfortzahlungsgesetz

Das Entgeltfortzahlungsgesetz von 1994 regelt, welche Leistungen ein Arbeitnehmer, also auch der Beschäftigte eines Zeitarbeitsunternehmens, an Feiertagen oder im Krankheitsfall erhält.

Die Entgeltzahlung an gesetzlichen Feiertagen erfolgt nach dem Verdienstausfallprinzip. Somit steht einem Arbeitnehmer der Verdienst zu, den er an dem betreffenden Tag voraussichtlich erzielt hätte.

Bei krankheitsbedingter Arbeitsunfähigkeit hat der Arbeitgeber Entgeltfortzahlung bis zur Dauer von sechs Wochen zu leisten. Die Höhe der Entgeltfortzahlung beträgt 80 % des

Rechtliche Grundlagen der Arbeitnehmerüberlassung

Arbeitsentgelts. Allerdings kann sich der Arbeitnehmer Erholungsurlaub auf seine Erkrankung anrechnen lassen, sodass der Arbeitgeber dann die volle Lohnfortzahlung übernehmen muss. Diese Anrechnung erfolgt nach dem Grundsatz 5 zu 1, d.h. jeweils der erste von fünf Krankheitstagen kann gegen einen Urlaubstag verrechnet werden.

Arbeitsunfähigkeit ist bereits ab dem ersten Tag mit einem ärztlichen Attest zu belegen

Der Arbeitgeber ist berechtigt, die Entgeltfortzahlung im Krankheitsfall zu verweigern, wenn der Arbeitnehmer die erforderliche ärztliche Bescheinigung nicht vorlegt. Für die Belange der Zeitarbeit ist hier anzumerken, dass die Arbeitsunfähigkeit bereits ab dem ersten Tag mit einem ärztlichen Attest belegt sein muss, damit der Arbeitnehmer den Anspruch auf Lohnfortzahlung nicht verliert. Dies gilt für die meisten anderen Branchen auch, dennoch gehen viele Arbeitnehmer davon aus, dass sie die Arbeitsunfähigkeit nur dann belegen müssen, wenn sie länger als drei Tage andauert.

Bei Arbeitsverhinderung ist eine besondere Meldefrist einzuhalten

Die meisten Zeitarbeitsunternehmen vereinbaren mit ihren Mitarbeitern bereits im Arbeitsvertrag die Einhaltung einer besonderen Meldefrist, falls der Mitarbeiter verhindert ist, die Arbeit aufzunehmen.

Diese Meldefristen sind auch deshalb notwendig und nachvollziehbar, weil das Zeitarbeitsunternehmen wiederum den Kunden, bei dem der Mitarbeiter eingesetzt ist, frühestmöglich informieren muss. Gegebenenfalls muss auch ein anderer Mitarbeiter eingeteilt werden, der die Vertretung übernimmt.

> EIN LEIHARBEITNEHMER ERHÄLT AUCH FÜR DIE ZEIT ENTGELTFORTZAHLUNG, IN DER DAS ZEITARBEITSUNTERNEHMEN IHM KEINEN EINSATZ ZUTEILEN KANN.

Das ergibt sich allerdings nicht aus dem Entgeltfortzahlungsgesetz, sondern aus dem AÜG. Auch hier sind zumeist Meldefristen einzuhalten, damit der Mitarbeiter an diesen Tagen noch kurzfristig disponiert werden kann, falls noch ein geeigneter Arbeitsauftrag eintrifft.

Bei dieser Art der Entgeltfortzahlung spricht man zumeist von AUSFALLLOHN oder GARANTIELOHN.

WEITERE WICHTIGE RECHTSVORSCHRIFTEN

2.2.5 Arbeitszeitgesetz

Das Arbeitszeitgesetz (ArbZG) wurde im Jahr 1994 erlassen. Der Vorläufer war die Arbeitszeitordnung (AZO), die bereits einen gesetzesähnlichen Charakter hatte.

Der Zweck des Arbeitszeitgesetzes ist es, die Sicherheit und den Gesundheitsschutz der Arbeitnehmer bei der Arbeitszeitgestaltung zu gewährleisten und ferner (das ist die bedeutendste Änderung zur Arbeitszeitordnung) die Rahmenbedingungen für eine flexible Arbeitszeit zu verbessern. Ferner geht das Gesetz auf die grundsätzliche Sonn- und Feiertagsruhe ein.

Die Sicherheit und der Gesundheitsschutz der Arbeitnehmer sind zu gewährleisten

Das Gesetz sieht verbindlich vor, dass Arbeitnehmer grundsätzlich eine werktägliche Arbeitszeit von 8 Stunden (ohne Berücksichtigung der Ruhepausen) nicht überschreiten dürfen. Allerdings kann diese Arbeitszeit auf maximal 10 Stunden verlängert werden, wenn innerhalb von 6 Kalendermonaten oder 24 Kalenderwochen im Durchschnitt 8 werktägliche Arbeitsstunden nicht überschritten werden.

Auch die Zeit der Ruhepausen ist vorgeschrieben. Sie beträgt bei einer täglichen Arbeitszeit von 6 bis 9 Stunden mindestens 30 Minuten und bei einer Arbeitszeit von mehr als 9 Stunden mindestens 45 Minuten.

Der Gesetzgeber hat im Arbeitszeitgesetz auch festgehalten, dass ein Arbeitnehmer mindestens 11 Stunden ununterbrochene Ruhepause zwischen zwei Arbeitseinsätzen (also z. B. zwischen zwei Schichten) benötigt.

Diese Regelungen gelten für die Mitarbeiter von Zeitarbeitsunternehmen analog. Allerdings gibt es in einigen Branchen tarifliche Ausnahmen oder andere mögliche Ausnahmen, die dann aber durch die jeweilige Aufsichtsbehörde per Genehmigung akzeptiert werden müssen.

Für die Mitarbeiter von Zeitarbeitsunternehmen gelten grundsätzlich Arbeitszeitregelungen wie für andere Arbeitnehmer auch

Ein Zeitarbeitsunternehmen muss bei Vorliegen einer solchen Ausnahmegenehmigung für den Kundenbetrieb (Entleiher) im Besitz einer Kopie dieser schriftlichen Erlaubnis sein, um etwaige längere Arbeitszeiten der dort eingesetzten Zeitarbeitskräfte zu legalisieren.

Der Schutz der Arbeitnehmer steht also in jedem Fall im Vordergrund. Selbst wenn in Einzelfällen sowohl der Verleiher, der Entleiher als auch der Zeitarbeitnehmer ein berechtigtes (z. B. finanzielles) Interesse an einer längeren täglichen Arbeitszeit haben, greift das Arbeitszeitgesetz, auch um den Arbeitnehmer vor möglichen Arbeitsunfällen, auf Grund von Übermüdung oder Überbelastung zu schützen.

Diesem Anspruch des Schutzes der Mitarbeiter vor Arbeitsunfällen wird auch die nun folgende Rechtsvorschrift gerecht.

2.2.6 Arbeitssicherheitsgesetz

Das Arbeitssicherheitsgesetz von 1973 ist die Grundlage für die erforderliche Tätigkeit von Betriebsärzten und Fachkräften für Arbeitssicherheit in den Unternehmen.

Es ist somit gewissermaßen die rechtliche Grundlage, eine optimale und praxisgerechte Umsetzung der Forderungen der Berufsgenossenschaften bei den Arbeitgebern zu gewährleisten. Die meisten Zeitarbeitsunternehmen sind der Verwaltungs-Berufsgenossenschaft (VBG) mit Hauptsitz in Hamburg angegliedert.

> *Leiharbeitnehmer sind auf Grund ihrer Tätigkeit an wechselnden Arbeitsplätzen einer besonderen Unfallhäufigkeit ausgesetzt, da viele Risiken im Arbeitsleben (aber nicht alle) durch eine gewisse Routine am jeweiligen Arbeitsplatz abgeschwächt werden können.*

Dies bekommen auch die Zeitarbeitsunternehmen durch einen hohen Beitragssatz zu spüren. Der Beitrag zur Berufsgenossenschaft wird allein durch den Arbeitgeber geleistet.

Das Ziel aller Beteiligten muss es also sein, die Gefährdung der Arbeitnehmer zu verringern. An der Erreichung dieses Zieles sind vorrangig vier Parteien beteiligt:

- Der Verleiher muss seine Mitarbeiter optimal auf die wechselnden Arbeitsorte und die damit verbundenen Risiken einstellen.

Weitere wichtige Rechtsvorschriften

- Der Entleiher sollte den Zeitarbeitnehmer wie einen eigenen Mitarbeiter integrieren und auch ihm eine umfangreiche Arbeitssicherheitsunterweisung für sein Aufgabengebiet zukommen lassen.
- Der Mitarbeiter selbst ist gefordert, die Anweisungen des Entleihers und des Verleihers zu seiner eigenen Sicherheit zu befolgen.
- Die zuständige Berufsgenossenschaft letztlich überwacht die Einhaltung der spezifischen Vorschriften und unterstützt die drei vorgenannten Parteien mit der Herausgabe von praktischen wie theoretischen Hilfestellungen. So gibt es z. B. eine Unfallverhütungsvorschrift (in Form einer anschaulichen Broschüre), die sich ausdrücklich mit den Risiken für Leiharbeitnehmer beschäftigt.

Unfallverhütungsvorschrift, die sich ausdrücklich mit den Risiken für Leiharbeitnehmer befasst

Das Arbeitssicherheitsgesetz trägt durch die Anordnung zur Bestellung von Betriebsärzten und Fachkräften für Arbeitssicherheit dazu bei, dass die Arbeitnehmer bei der Ausübung ihrer Tätigkeit fachmännische und medizinische Unterstützung erhalten, nicht erst dann, wenn es unter Umständen zu spät ist.

> **Alle Personalentscheidungsträger bei Zeitarbeitsunternehmen müssen an einer mehrtägigen Schulung der Berufsgenossenschaft teilnehmen, um ihrer Aufgabe auch aus arbeitssicherheitstechnischer Sicht gerecht zu werden.**

Die Notwendigkeit zur Beschäftigung von Sicherheitsingenieuren und Betriebsärzten richtet sich nach der Betriebsgröße, gemessen an der Mitarbeiterzahl.

Einige Zeitarbeitsunternehmen haben bereits eine Beitragsreduzierung zur Berufsgenossenschaft erreicht, weil sie darlegen konnten, dass sie der Arbeitssicherheit einen besonderen Stellenwert einräumen. Sie haben alle Maßnahmen getroffen, um die Risiken für Arbeitsunfälle und Berufskrankheiten ihrer Mitarbeiter zu minimieren.

Wenn es gelingen würde, dieses Ziel in größerem Stil zu erreichen, wäre allen Beteiligten geholfen.

2.2.7 Jugendarbeitsschutzgesetz

Mit dem Jugendarbeitsschutzgesetz gibt es seit 1976 eine Rechtsgrundlage, die sich ausschließlich mit Arbeitnehmern, Auszubildenden und Heimarbeitern beschäftigt, die das achtzehnte Lebensjahr noch nicht vollendet haben.

Hierbei wird zunächst zwischen Kindern und Jugendlichen unterschieden. Als Kind im Sinne dieses Gesetzes gilt, wer noch nicht 15 Jahre alt ist. Wer das fünfzehnte, aber noch nicht das achtzehnte Lebensjahr vollendet hat, gilt hiernach als Jugendlicher.

Kinder dürfen grundsätzlich nicht beschäftigt werden. Hierzu gibt es zwar einige Ausnahmen (z. B. Praktikum während der Vollzeitschulpflicht), die aber üblicherweise in der Zeitarbeit keine Anwendung finden.

Gegen die Beschäftigung von Jugendlichen spricht hingegen aus rechtlicher Sicht nichts, wenn bestimmte Kriterien erfüllt sind. Das beginnt mit der erforderlichen Unterschrift des Erziehungsberechtigten unter den jeweiligen Arbeitsvertrag und endet mit der Einhaltung bestimmter Arbeits- und Pausenzeiten.

Zeitarbeitsunternehmen schrecken aber im Normalfall trotzdem vor der Einstellung von Jugendlichen zurück, da sie, bedingt durch die Vorgaben ihrer Kunden (insbesondere bezüglich der Arbeits- und Pausenzeiten) und mögliche Einsatzwechsel, die Einhaltung des Jugendarbeitsschutzgesetzes zumeist nicht gewährleisten können.

2.2.8 Mutterschutzgesetz

Das Gesetz zum Schutz der erwerbstätigen Mutter ist natürlich ebenfalls in vollem Umfang auf die Mitarbeiterinnen von Zeitarbeitsunternehmen anzuwenden.

Dies gilt sowohl für den Umfang der »normalen« Beschäftigungsverbote von sechs Wochen vor und acht Wochen nach der Entbindung als auch für die besonderen Regeln wie dem Kündigungsverbot.

2.2.9 Kündigungsschutzgesetz

Grundsätzlich ist das Kündigungsschutzgesetz die Rechtsgrundlage für die meisten arbeitsrechtlichen Auseinander-

Weitere wichtige Rechtsvorschriften

setzungen in Deutschland, die nicht selten vor dem jeweils zuständigen Arbeitsgericht enden. Dies gilt genauso für Beschäftigungsverhältnisse bei Zeitarbeitsunternehmen.

Laut Kündigungsschutzgesetz, das im Jahre 1969 erlassen wurde, genießt jeder Arbeitnehmer, der länger als sechs Monate ununterbrochen in einem Unternehmen beschäftigt war, einen besonderen Kündigungsschutz. Seine Kündigung ist nämlich nur dann ordnungsgemäß, wenn sie sozial gerechtfertigt ist oder wenn personenbezogene Gründe eine weitere Beschäftigung des Arbeitnehmers für den Arbeitgeber unzumutbar gemacht haben.

Wenn keine personenbezogenen Gründe, also beispielsweise ernste Verstöße gegen die Pflichten als Arbeitnehmer, vorliegen, hat der Arbeitgeber eine so genannte Sozialauswahl zu treffen, um die Kündigung eines Arbeitnehmers zu rechtfertigen. Hierbei gilt neben dem sozialen Status des Arbeitnehmers (Familienstand, Zahl der Kinder etc.) auch die Betriebszugehörigkeit im Vergleich zu ähnlich qualifizierten und in gleichen oder ähnlichen Tätigkeiten eingesetzten Arbeitnehmern im gleichen Betrieb als Kriterium für die Rechtmäßigkeit einer Kündigung.

Aber nicht selten enden Kündigungsstreitigkeiten zwischen Arbeitnehmern und Arbeitgebern vor den Arbeitsgerichten mit einer Abfindung, die dann im Regelfall brutto gleich netto an den Arbeitnehmer gezahlt wird. Eine andere Möglichkeit ist der Abschluss eines Aufhebungsvertrages.

Im Kündigungsverhalten lassen sich durchaus Qualitätsunterschiede bei den Zeitarbeitsunternehmen feststellen.

Während manche Unternehmen sehr schnell mit einer Kündigung bei der Hand sind, wenn es im Fachgebiet eines bestimmten Mitarbeiters einmal eine Auftragsflaute gibt, setzen andere Unternehmen alles daran, den jeweiligen Mitarbeiter zu halten und adäquate Aufträge zu beschaffen. In einem solchen Fall hat das Zeitarbeitsunternehmen bis zum Zeitpunkt eines erneuten Einsatzes dem Mitarbeiter sein Arbeitsentgelt weiterhin zu zahlen.

Rechtliche Grundlagen der Arbeitnehmerüberlassung

Die wenigsten Zeitarbeitsunternehmen haben einen Betriebsrat

Bedingt durch die Tatsache, dass die wenigsten Zeitarbeitsunternehmen einen Betriebsrat haben, bleibt dem gekündigten Arbeitnehmer nach einem klärenden und unter Umständen erfolglosen Gespräch mit seinem direkten Vorgesetzten nur der Gang zum Arbeitsgericht, wenn er davon überzeugt ist, dass die Kündigung ungerechtfertigt war.

Schwierig ist in vielen Fällen, wie in allen anderen Branchen auch, die Entscheidung, ob eine außergewöhnliche, also zumeist fristlose, Kündigung rechtswirksam ist oder nicht.

Hat bei außerordentlichen Kündigungen bereits vorher eine Abmahnung stattgefunden?

Bei diesen (zumeist personenbedingten) Kündigungen geht es oftmals um die Frage, ob der angegebene Kündigungsgrund für eine fristlose Kündigung ausreichend ist. Ein weiteres wichtiges Kriterium ist ferner, inwieweit der Arbeitnehmer bereits vor dem Ausspruch der außerordentlichen Kündigung für das gleiche oder ein ähnliches »Vergehen« abgemahnt wurde.

Wichtig bei allen Kündigungsstreitigkeiten ist in jedem Fall, dass der Arbeitnehmer die im Kündigungsschutzgesetz festgelegte Frist von drei Wochen nach Zugang der Kündigung einhalten muss, wenn er Klage beim zuständigen Arbeitsgericht erhebt.

Ein faires Zeitarbeitsunternehmen wird immer versuchen, sich mit gekündigten Mitarbeitern außergerichtlich zu verständigen, falls der Grund, der zur Kündigung geführt hat, nicht wirklich »erdrückend« und die Kündigung insofern unumgänglich ist.

2.2.10 Baubetriebeverordnung

In dieser Verordnung ist festgelegt worden, in welchen Betrieben des Baugewerbes die ganzjährige Beschäftigung zu fördern ist.

Für die Zeitarbeit ist diese Festlegung von großer Bedeutung, da sich hier entscheidet, welche Bauunternehmen gewerbliches Zeitpersonal im Rahmen der Arbeitnehmerüberlassung entleihen dürfen und welche nicht.

Alle Betriebe, die in der nachfolgenden Baubetriebeverordnung unter §1 zuzuordnen sind, fallen damit unter die Einschränkung der Arbeitnehmerüberlassung im Baugewerbe nach §12a des Arbeitsförderungsgesetzes (vgl. 2.2.1).

BAUBETRIEBE-VERORDNUNG

Unternehmen, die hingegen unter § 2 dieser Verordnung eingeordnet werden können, dürfen auch gewerbliches Zeitpersonal von Verleihern einsetzen, da hier keine ganzjährige Beschäftigung vorgesehen ist.

Gegen den Einsatz von Angestellten spricht in beiden Fällen nichts.

VERORDNUNG ÜBER DIE BETRIEBE DES BAUGEWERBES, IN DENEN DIE GANZJÄHRIGE BESCHÄFTIGUNG ZU FÖRDERN IST (BAUBETRIEBE-VERORDNUNG)

VOM 28. OKTOBER 1980, ZULETZT GEÄNDERT DURCH DIE ZWEITE VERORDNUNG ZUR ÄNDERUNG DER BAUBETRIEBE-VERORDNUNG VOM 13. DEZEMBER 1996

§ 1
ZUGELASSENE BETRIEBE

(1) Die ganzjährige Beschäftigung im Baugewerbe ist durch das Wintergeld und das Winterausfallgeld in Betrieben und Betriebsabteilungen zu fördern, die gewerblich überwiegend Bauleistungen (§ 75 Abs. 1 des Arbeitsförderungsgesetzes) erbringen.

(2) Betriebe und Betriebsabteilungen im Sinne des Absatzes 1 sind solche, in denen insbesondere folgende Arbeiten verrichtet werden;
  1. Abdichtungsarbeiten gegen Feuchtigkeit;
  2. Aptierungs- und Drainierungsarbeiten, wie zum Beispiel das Entwässern von Grundstücken und urbar zu machenden Bodenflächen, einschließlich der Grabenräumungs- und Faschinierungsarbeiten, des Verlegens von Drainagerohrleitungen sowie des Herstellens von Vorflut- und Schleusenanlagen;
  2a. Asbestsanierungsarbeiten an Bauwerken und Bauwerksteilen;
  3. Bautrocknungsarbeiten, das sind Arbeiten, die unter Einwirkung auf das Gefüge des Mauerwerks der Entfeuchtung dienen, auch unter Verwendung von Kunststoffen oder chemischen Mitteln sowie durch Einbau von Kondensatoren;

4. Beton- und Stahlbetonarbeiten, einschließlich Betonschutz- und Betonsanierungsarbeiten sowie Armierungsarbeiten;
5. Bohrarbeiten;
6. Brunnenbauarbeiten;
7. chemische Bodenverfestigungen;
8. Dämm-(Isolier-)Arbeiten (das sind zum Beispiel Wärme-, Kälte-, Schallschutz-, Schallschluck-, Schallverbesserungs-, Schallveredelungsarbeiten) einschließlich Anbringung von Unterkonstruktionen sowie technischen Dämm-(Isolier-)Arbeiten, insbesondere an technischen Anlagen und auf Land-, Luft- und Wasserfahrzeugen;
9. Erdbewegungsarbeiten, das sind zum Beispiel Wegebau-, Meliorations-, Landgewinnungs-, Deichbauarbeiten, Wildbach- und Lawinenverbau, Sportanlagenbau sowie Errichtung von Schallschutzwällen und Seitenbefestigungen an Verkehrswegen;
10. Estricharbeiten, das sind zum Beispiel Arbeiten unter Verwendung von Zement, Asphalt, Anhydrit, Magnesit, Gips, Kunststoffen oder ähnlichen Stoffen;
11. Fassadenbauarbeiten;
12. Fertigbauarbeiten: Einbauen oder Zusammenfügen von Fertigbauteilen zur Erstellung, Instandsetzung, Instandhaltung oder Änderung von Bauwerken; ferner das Herstellen von Fertigbauteilen, wenn diese zum überwiegenden Teil durch den Betrieb, einen anderen Betrieb desselben Unternehmens oder innerhalb von Unternehmenszusammenschlüssen – unbeschadet der Rechtsform – durch den Betrieb mindestens eines beteiligten Gesellschafters zusammengefügt oder eingebaut werden; nicht erfasst wird das Herstellen von Betonfertigteilen, Holzfertigteilen zum Zwecke des Errichtens von Holzfertigbauwerken und Isolierelementen in massiven, ortsfesten und auf Dauer eingerichteten Arbeitsstätten nach Art stationärer Betriebe; § 2 Nr. 12 bleibt unberührt;
13. Feuerungs- und Ofenbauarbeiten;
14. Fliesen-, Platten- und Mosaik- Ansetz- und Verlegearbeiten;

14a. Fugarbeiten an Bauwerken, insbesondere Verfugung von Verblendmauerwerk und von Anschlüssen zwischen Einbauteilen und Mauerwerk sowie dauerelastische und dauerplastische Verfugungen aller Art;
15. Glasstahlbetonarbeiten sowie Vermauern und Verlegen von Glasbausteinen;
16. Gleisbauarbeiten;
17. Herstellen von nicht lagerfähigen Baustoffen, wie zum Beispiel Beton- und Mörtelmischungen (Transportbeton und Fertigmörtel), wenn mit dem überwiegenden Teil der hergestellten Baustoffe die Baustellen des herstellenden Betriebes, eines anderen Betriebes desselben Unternehmens oder innerhalb von Unternehmenszusammenschlüssen – unbeschadet der Rechtsform – die Baustellen des Betriebes mindestens eines beteiligten Gesellschafters versorgt werden;
18. Hochbauarbeiten;
19. Holzschutzarbeiten an Bauteilen;
20. Kanalbau-(Sielbau-)Arbeiten;
21. Maurerarbeiten;
22. Rammarbeiten;
23. Rohrleitungsbau-, Rohrleitungstiefbau-, Kabelleitungstiefbauarbeiten und Bodendurchpressungen;
24. Schachtbau- und Tunnelbauarbeiten;
25. Schalungsarbeiten;
26. Schornsteinbauarbeiten;
27. Spreng-, Abbruch- und Enttrümmerungsarbeiten; nicht erfasst werden Abbruch- und Abwrackbetriebe, deren überwiegende Tätigkeit der Gewinnung von Rohmaterialien oder der Wiederaufbereitung von Abbruchmaterialien dient;
28. Stahlbiege- und -flechtarbeiten, soweit sie zur Erbringung anderer baulicher Leistungen des Betriebes oder auf Baustellen ausgeführt werden;
29. Stakerarbeiten;
30. Steinmetzarbeiten;
31. Straßenbauarbeiten, das sind zum Beispiel Stein-, Asphalt-, Beton-, Schwarzstraßenbauarbeiten, Pflasterar-

beiten aller Art, Fahrbahnmarkierungsarbeiten; ferner Herstellen und Aufbereiten des Mischgutes, wenn mit dem überwiegenden Teil des Mischgutes der Betrieb, ein anderer Betrieb desselben Unternehmens oder innerhalb von Unternehmenszusammenschlüssen – unbeschadet der Rechtsform – der Betrieb mindestens eines beteiligten Gesellschafters versorgt wird;
32. Straßenwalzarbeiten;
33. Stuck-, Putz-, Gips- und Rabitzarbeiten einschließlich des Anbringens von Unterkonstruktionen und Putzträgern;
34. Terrazzoarbeiten;
35. Tiefbauarbeiten;
36. Trocken- und Montagebauarbeiten (zum Beispiel Wand- und Deckeneinbau und -verkleidungen) einschließlich des Anbringens von Unterkonstruktionen und Putzträgern;
37. Verlegen von Bodenbelägen in Verbindung mit anderen baulichen Leistungen;
38. Vermieten von Baumaschinen mit Bedienungspersonal, wenn die Baumaschinen mit Bedienungspersonal zur Erbringung baulicher Leistungen eingesetzt werden;
38a Wärmedämmverbundsystemarbeiten;
39. Wasserwerksbauarbeiten, Wasserhaltungsarbeiten, Wasserbauarbeiten (zum Beispiel Wasserstraßenbau, Wasserbeckenbau, Schleusenanlagenbau);
40. Zimmerarbeiten und Holzbauarbeiten, die im Rahmen des Zimmergewerbes ausgeführt werden;
41. Aufstellen von Bauaufzügen.

(3) Betriebe und Betriebsabteilungen im Sinne des Absatzes 1 sind auch
 1. Betriebe, die Gerüste aufstellen,
 2. Betriebe des Dachdeckerhandwerks.

(4) Betriebe und Betriebsabteilungen im Sinne des Absatzes 1 sind ferner diejenigen des Garten- und Landschaftsbaues, in denen fortgesetzt und überwiegend folgende Arbeiten verrichtet werden:

Baubetriebe-Verordnung

1. Erstellung von Garten-, Park- und Grünanlagen, Sport- und Spielplätzen sowie Friedhofsanlagen;
2. Erstellung der gesamten Außenanlagen im Wohnungsbau, bei öffentlichen Bauvorhaben, insbesondere an Schulen, Krankenhäusern, Schwimmbädern, Straßen, Autobahn-, Eisenbahn-Anlagen, Flugplätzen, Kasernen;
3. Deich-, Hang-, Halden- und Böschungsverbau einschließlich Faschinenbau;
4. ingenieurbiologische Arbeiten aller Art;
5. Schutzpflanzungen aller Art;
6. Drainierungsarbeiten;
7. Meliorationsarbeiten;
8. Landgewinnungs- und Rekultivierungsarbeiten;

(5) Betriebe und Betriebsabteilungen im Sinne des Absatzes 1 sind von der Förderung der ganzjährigen Beschäftigung im Baugewerbe ausgeschlossen, wenn sie zu einer abgrenzbaren und nennenswerten Gruppe gehören, bei denen eine Einbeziehung nach den Absätzen 2 bis 4 nicht zu einer Belebung der ganzjährigen Bautätigkeit führt.

§2
Ausgeschlossene Betriebe

Die ganzjährige Beschäftigung wird nicht gefördert insbesondere in Betrieben
1. des Bauten- und Eisenschutzgewerbes;
2. des Betonwaren und Terrazzowaren herstellenden Gewerbes, soweit nicht in Betriebsabteilungen nach deren Zweckbestimmung überwiegend Bauleistungen im Sinne des §1 Abs. 1 und 2 ausgeführt werden;
3. der Fassadenreinigung;
4. der Fußboden- und Parkettlegerei;
5. des Glaserhandwerks;
6. des Installationsgewerbes, insbesondere der Klempnerei, des Klimaanlagenbaus, der Gas-, Wasser-, Heizungs-, Lüftungs- und Elektroinstallation sowie des Blitzschutz- und Erdungsanlagenbaues;

7. des Maler- und Lackiererhandwerks, soweit nicht überwiegend Bauleistungen im Sinne des § 1 Abs. 1 und 2 ausgeführt werden;
8. des Naturstein- und Naturwerksteinindustrie und Steinmetzhandwerks;
9. der Nassbaggerei;
10. des Kachelofen- und Luftheizungsbaues;
11. der Säurebauindustrie;
12. des Schreinerhandwerks sowie der Holz be- und -verarbeitenden Industrie einschließlich der Holzfertigbauindustrie, soweit nicht Fertigbau-, Dämm- (Isolier-) oder Trockenbau- und Montagearbeiten ausgeführt werden;
13. des reinen Stahl-, Eisen-, Metall- und Leichtmetallbaues sowie des Fahrleitungs-, Freileitungs-, Ortsnetz- und Kabelbaues
14. und in Betrieben, die Betonentladegeräte gewerblich zur Verfügung stellen.

2.2.11 Sonstiges

Ebenfalls im Bereich der Arbeitnehmerüberlassung in vollem Umfang anzuwenden ist das Schwerbehindertengesetz.

Schwerbehinderte und gleichgestellte Personen genießen also auch in Tätigkeiten bei Zeitarbeitsunternehmen den gleichen besonderen Schutz wie in allen anderen Branchen.

Da der Anteil an schwer behinderten Mitarbeitern in der Zeitarbeitsbranche auf Grund der wechselnden Anforderungen an die Mitarbeiter eher gering ist, müssen natürlich auch die Zeitarbeitsunternehmen in vielen Fällen die Ausgleichsabgabe für unbesetzte Pflichtplätze bezahlen.

Nur der Vollständigkeit halber sei an dieser Stelle noch erwähnt, dass in Bezug auf das Sozialversicherungsrecht ebenfalls keine Unterschiede zwischen Unternehmen der Arbeitnehmerüberlassung und anderen Unternehmen vorliegen.

Das heißt, dass die Arbeitskräfteverleiher ihre Mitarbeiter nach den gleichen Vorschriften (Kranken-, Renten- und Arbeitslosenversicherung) zu versichern haben. Es gelten aber auch die gleichen Richtlinien für die sozialversicherungsfreie Beschäftigung, also beispielsweise bei Geringfügigkeit oder der Tätigkeit von Studenten innerhalb der Semesterferien.

3 Entstehung und Entwicklung der Zeitarbeit

Bezeichnend für die in Deutschland relativ junge Zeitarbeitsbranche ist, dass die Entwicklung in unserem Land eher schleppend verlief. In anderen Ländern hat die Zeitarbeit bereits vor vielen Jahren einen weit größeren Stellenwert erreicht.

3.1 Internationale Entwicklung

Wie viele andere Dienstleistungsideen auch kommt der Grundgedanke der Zeitarbeit aus den USA.

Die Firma »Manpower« wurde 1947 im Bundesstaat Milwaukee gegründet. Nach eigenen Angaben ist dieses Unternehmen noch heute nicht nur weltweit die Nummer 1 der Branche, sondern auch der größte Arbeitgeber der Vereinigten Staaten von Amerika. Es unterhält derzeit 2.400 Büros in den verschiedensten Ländern der Welt.

Die erste Zeitarbeitsfirma wurde schon 1947 gegründet

Danach entwickelte sich die »temporary work«, so der gängige Begriff in den englischsprachigen Ländern, recht schnell und viele andere Unternehmen, die hier ebenfalls eine Marktlücke und damit eine Chance für eine erfolgreiche Tätigkeit witterten, zogen nach.

Fast 10 Jahre später wurde das erste offizielle Unternehmen der Arbeitnehmerüberlassung in Europa gegründet. Ort des Geschehens war die Schweiz im Jahr 1957. Von hier aus etablierte sich die »Adia Interim« bald europaweit. In vielen Ländern gab es zu diesem Zeitpunkt noch gar keine Rechtsgrundlagen für die Tätigkeit von Arbeitskräfteverleihern, sodass sich die Unternehmen gewissermaßen im rechtsfreien Raum bewegen mussten oder durften.

In vielen Ländern fehlten zunächst die Rechtsgrundlagen für die Zeitarbeit

Das ist sicher mit ein Grund, weshalb in den Pionierjahren auch zahlreiche Missstände bekannt wurden. Es kam zu Steuerhinterziehungen und zur Hinterziehung von Sozialversicherungsbeiträgen. Diese »Jugendsünden« vereinzelter Zeitarbeitsunternehmen hängen der Branche weltweit noch immer nach.

1966 begründete sich der internationale Zeitarbeitsverband C.I.E.T.T. mit dem Ziel, die Zeitarbeit grenzüberschreitend zu vereinheitlichen

Daraufhin setzten sich grenzübergreifend die namhaftesten Arbeitskräfteverleiher im Jahr 1966 an einen Tisch und gründeten den internationalen Zeitarbeitsverband C.I.E.T.T., mit Sitz in Paris und London. Das Ziel dieser Vereinigung war es unter anderem, die Zeitarbeit zu liberalisieren und zu vereinheitlichen, grenzüberschreitende Arbeitnehmerüberlassung möglich zu machen und Verbände in den einzelnen Ländern zu gründen.

In Europa gelten (bezogen auf die Zahl der Zeitarbeitnehmer im Verhältnis zur Zahl der insgesamt in diesem Land beschäftigten Arbeitnehmer) unter anderem Frankreich, England und die Niederlande als Hochburgen der Zeitarbeit. Auch in Spanien und Italien sowie in der Schweiz ist der Stellenwert sehr hoch einzuschätzen.

Es gibt in fast allen europäischen Ländern Vorschriften, die die Arbeit der einheimischen Zeitarbeitsunternehmen regeln, und damit Rechtsgrundlagen, die dem Arbeitnehmerüberlassungsgesetz in Deutschland ähneln.

3.2 Die Entwicklung in Deutschland

Die Geschichte der Zeitarbeit in Deutschland beginnt im Jahr 1962, ist also etwa 15 Jahre kürzer als die internationale Vergangenheit der Branche.

Zeitarbeitskräfte hatten zunächst den Status freier Mitarbeiter

»Adia Interim« eröffnete in Hamburg das erste Zeitarbeitsbüro, nachdem man bereits in einigen anderen europäischen Ländern Erfahrungen mit der Überlassung von Zeitpersonal gewonnen hatte. Hierbei spezialisierte sich das Unternehmen anfangs in Richtung der kaufmännischen Berufe. Es wurden damals noch keine Arbeitgeberpflichten übernommen, sondern die Zeitarbeitskräfte wurden als freie Mitarbeiter an andere Firmen ausgeliehen.

Hierin sahen die Gerichte einen Verstoß gegen verschiedene Vorschriften der Sozialgesetzgebung, unter anderem auch

Die Entwicklung in Deutschland

gegen das bereits damals vorhandene staatliche Monopol zur Arbeitsvermittlung. Der Begriff der Arbeitnehmerüberlassung existierte damals nur als Randbegriff innerhalb der Arbeitsvermittlung und war rechtlich noch gar nicht einwandfrei definiert.

Somit verbot das zuständige Landesarbeitsamt der Firma Adia Interim die weitere Durchführung ihrer Tätigkeit. Eine Anfechtungsklage brachte nicht den gewünschten Erfolg. Erst das Bundesverfassungsgericht entschied nach einer Verfassungsbeschwerde, dass die Tätigkeit des Unternehmens grundsätzlich zu gestatten sei, da andernfalls das Grundrecht der freien Berufswahl eingeschränkt und damit verletzt worden wäre.

Mit dieser Entscheidung stieß das Bundesverfassungsgericht die Tür auch für alle anderen Unternehmen auf, die eine rosige Zukunft in diesem neuen Dienstleistungszweig sahen. Es folgten somit einige Neugründungen von Unternehmen, die ebenfalls Arbeitskräfte verleihen wollten. Der Gesetzgeber erkannte in dieser Situation die Notwendigkeit zu einer umfassenden Regelung, da auch die zuständigen Gerichte mangelnde Rechtssicherheit bei Streitigkeiten infolge von Arbeitnehmerüberlassung beklagten.

So entstand 1972 das Arbeitnehmerüberlassungsgesetz (siehe auch Kapitel 2.1), das bis zum heutigen Tag Gültigkeit hat und 1997 seine bisher einzige Novelle erfuhr.

1972 beendet das Arbeitnehmerüberlassungsgesetz die bestehende Rechtsunsicherheit.

Diese Neufassung einiger wichtiger Punkte bedeutet eine entscheidende Liberalisierung der Zeitarbeit in Deutschland und erleichtert den Zeitarbeitsunternehmen erheblich die Arbeit. Erstmals können nun auch befristete und damit beispielsweise auf einen Einsatz beschränkte Arbeitsverträge abgeschlossen werden. Ferner wurde die maximale Überlassungsdauer für einen Mitarbeiter bei einem Kunden auf 12 Monate heraufgesetzt und das Verbot zur Wiedereinstellung eines gekündigten Mitarbeiters innerhalb von drei Monaten wurde aufgehoben. Einige namhafte Unternehmen der Branche, seit 1969 in einer bundesweiten Vereinigung (jetzt Bundesverband Zeitarbeit e.V., vormals Unternehmensverband Zeitarbeit) organisiert, haben lange für diese Erneuerung des geltenden Rechts gekämpft.

Die Novelle des Gesetzes 1997 liberalisiert die Zeitarbeit in Deutschland.

Entstehung und Entwicklung der Zeitarbeit

Hier nun die wichtigsten Stationen der Zeitarbeit in Deutschland auf einen Blick:

1962 Eröffnung des ersten deutschen Zeitarbeitsbüros

1967 Urteil des Bundesverfassungsgerichtes und damit Freigabe der Arbeitnehmerüberlassung

1969 Gründung des Unternehmensverbandes Zeitarbeit

1972 Verabschiedung des Arbeitnehmerüberlassungsgesetzes

1976 Umbenennung des Unternehmensverbandes Zeitarbeit in Bundesverband Zeitarbeit (BZA)

1982 Verbot der Arbeitnehmerüberlassung im Bauhauptgewerbe durch Änderung des Arbeitsförderungsgesetzes

1985 Erlass des Beschäftigungsförderungsgesetzes und damit Verlängerung der höchstzulässigen Überlassungsdauer von drei auf sechs Monate

1986 Das DIZ (Deutsches Institut Zeitarbeit) wird durch den BZA gegründet. Ziel ist die Durchführung von Weiterbildungsmaßnahmen etc.

1987 Gründung der Schutzgemeinschaft Zeitarbeit (SGZ e.V.), eines weiteren Unternehmerverbandes innerhalb der Zeitarbeit

1987 Der BZA führt verbindliche Verbandsgrundsätze für seine Mitgliedsfirmen ein.

1990 Eröffnung des ersten Zeitarbeitsbüros in der ehemaligen DDR

1993 Der BZA und die SGZ kooperieren.

1994 Die maximale Überlassungdauer wird auf neun Monate erhöht.

1997 Neufassung des Arbeitnehmerüberlassungsgesetzes

Die Entwicklung in Deutschland

Derzeit besitzen 2.600 Unternehmen in Deutschland eine Erlaubnis zur gewerbsmäßigen Arbeitnehmerüberlassung. Sie unterhalten rund 8.500 Betriebe in Deutschland, wobei davon nur etwa 1.000 Büros in den östlichen Bundesländern angesiedelt sind (Stand 31.12.96). Die Anzahl der registrierten Verleihbetriebe nahm in den letzten Jahren ziemlich konstant um jährlich etwa 10% zu. Die Anzahl der verliehenen Arbeitskräfte kann derzeit nicht ganz mit dieser Entwicklung mithalten, wie das nächste Kapitel aufzeigt. Insofern verteilen sich die tätigen Leiharbeitnehmer auf mehr Betriebe als je zuvor. Dies kann als positiv im Sinne einer besseren und individuelleren Betreuung der Zeitarbeitnehmer angesehen werden.

Heute unterhalten 2.600 Zeitarbeitsunternehmen in Deutschland 8.500 Betriebe

Die Struktur der Branche kennt nur eine Handvoll Unternehmen mit mehr als 30 Niederlassungen und einem Marktanteil von mehr als einem Prozent. Es gibt dann ein »Mittelfeld« mit etwa 100 Firmen, die auch überregional tätig sind und zwischen 5 und 30 Niederlassungen unterhalten.

Letztlich erzielen kleinere, nur regional vertretene Unternehmen, die zumeist sogar nur ein Büro unterhalten, über 70% des Branchenumsatzes. Das ist eine Struktur, die in vielen anderen Wirtschaftszweigen undenkbar ist. Die Kunden- und Mitarbeiternähe ist hier allerdings, ähnlich wie beim Handel, ein sehr wichtiger Faktor.

Kleine, nur regional vertretene Unternehmen erzielen 70% des Branchenumsatzes

Auch Franchisesysteme, also die Vergabe von Lizenzen, greifen in der Zeitarbeitsbranche immer weiter um sich. Hier stellen Unternehmen ihr »Know how« und ihren Namen, sowie eine gewisse Palette an nutzbaren Dienstleistungen (beispielsweise die Lohn- und Gehaltsbuchhaltung der Mitarbeiter) für ihre Lizenznehmer zur Verfügung, um durch Eintritts- und Franchisegebühren ihren eigenen Umsatz und damit auch ihr Betriebsergebnis zu verbessern. Das Risiko für die Geschäftstätigkeit trägt aber in jedem Fall der Franchisenehmer allein.

4 Aktuelle Zahlen zur Zeitarbeit in Deutschland

Auf Grund der gesetzlichen Notwendigkeit, dass alle Zeitarbeitsunternehmen zweimal jährlich statistische Meldungen über den Umfang ihrer Tätigkeit und die Struktur ihrer Belegschaft abzugeben haben (vgl. Kap. 12.2), ist die Verlässlichkeit der entsprechenden Zahlenwerte sehr hoch. Allerdings sind die Statistiken der Bundesanstalt für Arbeit nach Landesarbeitsamtsbezirken und nicht nach Bundesländern gegliedert.

Der Bundesverband Zeitarbeit (BZA) e.V. tut sein Übriges, um die Entwicklung der Zeitarbeitsbranche in Deutschland näher zu beleuchten.

Insofern sind der BZA und die »Amtlichen Nachrichten der Bundesanstalt für Arbeit (ANBA)« auch die Quelle für die nachfolgenden Grafiken.

Sofern nichts Gegenteiliges angegeben ist, beziehen sich die Werte auf den Stichtag 31.12.96.

4.1 Zahl der Zeitarbeitnehmer im Bundesgebiet West

Die Zeitarbeit hatte in den neuen Bundesländern einen eher beschwerlichen Start, das gilt auch heute noch. Dies wird auch bei der Betrachtung der Grafik zu 4.2 deutlich. Deshalb konzentriert sich dieses erste Schaubild auf die Anzahl der Zeitarbeitnehmer im Bundesgebiet West, um einen realistischen Vergleich zu gewährleisten. Genannt ist die Zahl der registrierten Leiharbeitnehmer in diesem Gebiet, jeweils zum Stichtag des 31.12. eines Jahres:

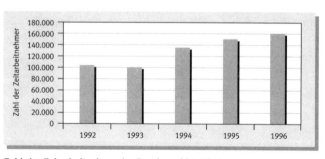

Zahl der Zeitarbeitnehmer im Bundesgebiet West

AKTUELLE ZAHLEN ZUR ZEITARBEIT IN DEUTSCHLAND

4.2 Mitarbeiter in der Zeitarbeit pro Jahr

Anders als bei der vorhergehenden Grafik sind im nächsten Diagramm alle Mitarbeiter berücksichtigt, die innerhalb eines Jahres in der Zeitarbeit tätig wurden. In dieser Betrachtung der letzten zehn Jahre ist also auch die Fluktuation mit berücksichtigt.

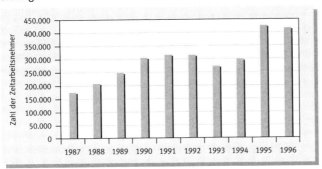

Mitarbeiter in der Zeitarbeit pro Jahr

4.3 Zahl der Zeitarbeitnehmer nach Landesarbeitsamtsbezirken

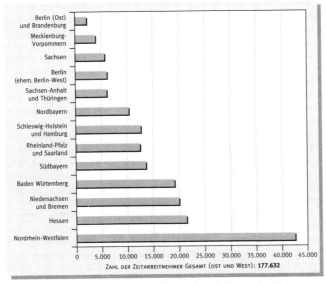

Zahl der Zeitarbeitnehmer 1996 nach Landesarbeitsamtsbezirken

Aktuelle Zahlen zur Zeitarbeit in Deutschland

Anhand der hier abzulesenden Zahlen lassen sich die »Zeitarbeitshochburgen« unter den Bundesländern ausmachen. Eindeutig die höchste Zahl an Leiharbeitnehmern gibt es somit im Bundesland Nordrhein-Westfalen, sowohl absolut, als auch bezogen auf die Einwohnerzahl.

In den neuen Bundesländern besteht, wie eingangs erwähnt, noch ein gewisser Nachholbedarf. Die Entwicklung konnte bisher nicht mit den anderen Bundesländern mithalten, wenngleich auch hier Steigerungsraten erzielt werden. Der Anteil der jungen Bundesländer liegt bei 17.855 Leiharbeitnehmern und damit bei knapp über 10%, bezogen auf die gesamtdeutsche Zahl. Auch in Anbetracht der geringeren Einwohnerzahl ist diese Prozentzahl zu gering, verdeutlicht aber auch gerade dort ein vorhandenes Wachstumspotenzial.

4.4 Verteilung der Zeitarbeitnehmer nach Tätigkeiten

Noch immer haben die Hilfsarbeiten einen großen Stellenwert innerhalb der Einsatzverteilung bei Zeitarbeitnehmern. Allerdings ist in den letzten Jahren eine kontinuierliche Steigerung der Überlassungszahlen bei den höher qualifizierten Berufsgruppen abzulesen (Erhebung aus 1995).

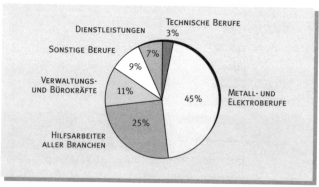

Verteilung der Zeitarbeitnehmer nach Tätigkeiten

4.5 Verteilung der Zeitarbeitnehmer nach Geschlecht

Obwohl die Nachfrage nach Zeitarbeitnehmerinnen für Verwaltungs- und Büroberufe immer stärker wird, sind die männlichen Zeitarbeitskräfte noch immer deutlich in der Überzahl.

AKTUELLE ZAHLEN ZUR ZEITARBEIT IN DEUTSCHLAND

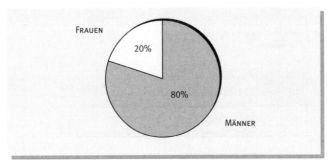

Verteilung der Zeitarbeitnehmer nach Geschlecht

4.6 Weshalb setzen Unternehmen (Entleiher) Zeitarbeitskräfte ein?

Die Gründe für den Einsatz von Zeitpersonal in einem Unternehmen können sehr vielschichtig sein. Hier sind die von Personalentscheidungsträgern am häufigsten genannten Anlässe (Mehrfachnennungen waren möglich) zusammengefasst. Die Erhebung stammt aus dem Jahr 1995.

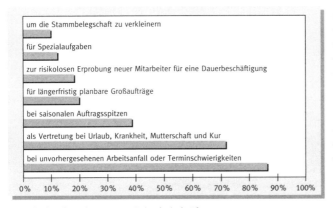

Gründe für den Einsatz von Zeitarbeitskräften

4.7 Weshalb werden Arbeitnehmer als Zeitarbeitskräfte tätig?

Auch hier gibt es die verschiedensten Gründe. Befragt wurden Zeitarbeitnehmer im Jahr 1995 und auch hier war es möglich, mehrere Antworten zu geben.

Aktuelle Zahlen zur Zeitarbeit in Deutschland

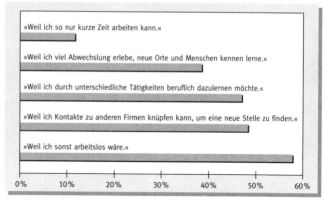

Gründe für Zeitarbeitnehmer, in der Zeitarbeit tätig zu werden

4.8 Altersstruktur der Zeitarbeitnehmer

Den größten Anteil am Bestand der Zeitarbeitnehmer in Deutschland nimmt die Altersgruppe der 31- bis 40-jährigen Menschen ein (Erhebung aus 1995).

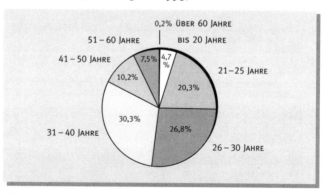

Altersstruktur der Zeitarbeitnehmer

4.9 Ausbildungsstand der Zeitarbeitnehmer

Obwohl der Anteil der Hilfsarbeiten innerhalb der Zeitarbeit noch immer bei rund 25% liegt (vgl. Grafik zu 4.4), besitzen 88% aller Zeitarbeitnehmer eine abgeschlossene Berufsausbildung oder sogar einen noch höheren Abschluss. Dies lässt den Schluss zu, dass viele Mitarbeiter in der Zeitarbeit nicht in ihrem angestammten Ausbildungsberuf arbeiten, sondern

Aktuelle Zahlen zur Zeitarbeit in Deutschland

eine andere, oftmals weniger qualifizierte Tätigkeit ausüben und somit in einzelnen Fällen für ihre Arbeitsaufgabe überqualifiziert sind.

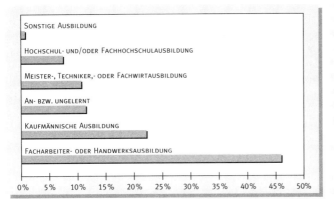

Ausbildungsstand der Zeitarbeitnehmer

4.10 Dauer der Arbeitsverhältnisse in der Zeitarbeit

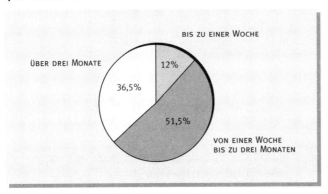

Dauer der Tätigkeit bei Zeitarbeitsunternehmen

Die Dauer des einzelnen Einsatzes eines Zeitarbeitnehmers wird nicht mehr statistisch aufbereitet, da der hohe Verwaltungsaufwand für die Bundesanstalt für Arbeit und die Verleihbetriebe in diesem Zusammenhang nicht mehr gerechtfertigt erscheint. Allerdings lässt sich die Dauer der Arbeitsverhältnisse in der Zeitarbeit in etwa nachvollziehen. Hier kann man in den letzten Jahren einen deutlichen Trend zu

AKTUELLE ZAHLEN ZUR ZEITARBEIT IN DEUTSCHLAND

einer längerfristigen Beschäftigung beobachten. Auch Mitarbeiter, die bereits über 10 Jahre bei einem Zeitarbeitsunternehmen tätig sind, bilden nicht die große Ausnahme.

4.11 Früherer Status der Leiharbeitnehmer

Aufschlussreich ist auch die Antwort auf die Frage, welchen vorherigen Status die Mitarbeiter von Zeitarbeitsunternehmen hatten, d. h., ob sie unmittelbar vor der Beschäftigung in der Zeitarbeit anderweitig tätig waren. Hier stellt sich heraus, dass die Zeitarbeit auch und insbesondere eine Chance für Arbeitslose bietet. Bedingt durch die Tatsache, dass die Zeitarbeitsunternehmen seit April 1997 nun auch auftragsbezogen und befristet einstellen dürfen, werden sich auch die Einstellungsmöglichkeiten für Langzeitarbeitslose weiter verbessern.

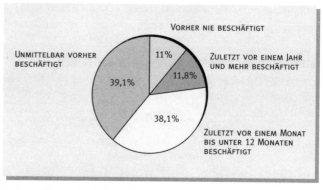

Früherer Status der Leiharbeitnehmer

4.12 Anzahl und Verteilung der Verleihbetriebe nach Landesarbeitsamtsbezirken

Bei den hier genannten Zahlen handelt es sich nicht um die Zahl der Erlaubnisinhaber, die etwa bei 2.600 (Stand 31.12. 96) liegt, sondern um die Anzahl der Verleihbetriebe. Damit ist gemeint, dass nicht selbstständige Niederlassungen oder Filialen von Erlaubnisinhabern keine eigene Erlaubnis benötigen, aber trotzdem in die hier näher beleuchtete Zahl der Betriebe, die Arbeitnehmerüberlassung betreiben, mit einfließen. Stichtag für diese Betrachtung ist wiederum der 31.12.96. Mit angegeben ist der Stand von vor drei Jahren, also am 31.12.93. In allen Landesarbeitsamtsbezirken hat es Steigerungen bei der Zahl der lizenzierten Verleihbetriebe gegeben. Die höchste prozentuale Steigerungsrate gab es demnach in Mecklenburg-Vorpommern und die geringste in Schleswig-Holstein/Hamburg.

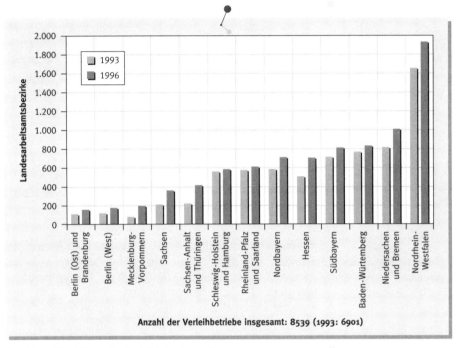

Anzahl und Verteilung der Verleihbetriebe nach Landesarbeitsamtsbezirken

5 Die Zeitarbeit aus Sicht des Kundenunternehmens (Entleihers)

Zeitarbeitskräfte sind heutzutage in nahezu jeder Branche und in Unternehmen der verschiedensten Betriebsgrößen anzutreffen. Der Einmannbetrieb, z. B. ein ansonsten allein tätiger Handwerksmeister greift im Einzelfall genauso auf die Zeitarbeitsunternehmen zurück wie ein Unternehmen mit mehreren tausend Beschäftigten. Hier gab es allerdings innerhalb der letzten Jahre eine deutliche Verschiebung.

Die Zeitarbeit aus Sicht des Kundenunternehmens

Auch kleinere und mittlere Unternehmen greifen neuerdings verstärkt auf Zeitarbeitskräfte zurück

Während noch Mitte der Achtzigerjahre etwa 70 % aller deutschen Zeitarbeitskräfte bei Großunternehmen im Einsatz waren, sind mittlerweile die mittleren und kleinen Unternehmen die hauptsächliche Klientel der Zeitarbeitsfirmen, die sich dieser Dienstleistung früher eher zögerlich bedienten.

Aber auch Behörden und andere, zum Teil ebenfalls öffentliche Institutionen erkennen die Zeitarbeit immer mehr als modernes Instrument zur Steuerung des Personaleinsatzes.

Starre Personalstrukturen weichen zunehmend flexiblerer Planung

Ein eindeutiger (bundesweit vorhandener) Trend zum Auslagern von Nebenaufgaben eines Unternehmens bietet zusätzliche Möglichkeiten, über den Einsatz von Zeitarbeitskräften nachzudenken. Starre Strukturen weichen vielerorts einer flexiblen Planung, die es ermöglicht, auf wechselnde Gegebenheiten schnellstmöglich und effektiv zu reagieren.

> **Das Angebot der Zeitarbeitsfirmen ist eine willkommene Chance zur Steuerung und Optimierung des eigenen Personalbedarfs.**

Anpassung der Personaldecke an die jeweilige Auftragslage

Aus betriebswirtschaftlichen Gründen, aber auch einfach aus Gründen der eigenen Sicherheit ist jeder Betrieb bestrebt, seine eigene Personaldecke der jeweiligen Auftragskonstanz und dem Auftragsvorlauf anzupassen. Dies dient letztlich auch der Sicherheit der dort fest beschäftigten Arbeitnehmer.

Wo aber liegen die Vorteile und die möglichen Risiken beim Einsatz von Zeitarbeitskräften für einen Unternehmer oder Personalverantwortlichen, egal, ob für gewerbliche oder kaufmännische Tätigkeiten? Welche Voraussetzungen sollte das ausgewählte Zeitarbeitsunternehmen mitbringen?

In den folgenden Abschnitten werden diese Punkte gezielt aufgegriffen und durch eine Checkliste für Unternehmer, die bereits Zeitpersonal einsetzen oder zukünftig einsetzen wollen, sinnvoll ergänzt.

5.1 Vorteile für den Zeitarbeitskunden

In welchen Situationen greifen Personalentscheidungsträger üblicherweise auf den Einsatz von geliehenem Zeitpersonal zurück?

Vorteile für den Zeitarbeitskunden

Immer dann, wenn eigenes Personal kurz- oder längerfristig ausfällt (z. B. durch Krankheit, Urlaub oder Mutterschutz), ist eine Einsatzmöglichkeit für Zeitpersonal von Verleihfirmen gegeben. Das Gleiche gilt dann, wenn die eigene Personalausstattung nicht ausreicht, um bestimmte Auftragsspitzen (auch saisonaler Art) oder Sonderaufgaben zu bewältigen. Insofern sprechen einige Zeitarbeitsfirmen nicht zu Unrecht davon, dass sie eine EXTERNE PERSONALRESERVE für ihre Kunden aufrechterhalten, die zudem so lange kostenlos ist, bis dann tatsächlich auf sie zugegriffen werden muss.

Rückgriff auf eine EXTERNE PERSONALRESERVE bei Personalausfall oder bei Auftragsspitzen

Immer häufiger wird allerdings auch beobachtet, dass Unternehmen gezielt Zeitpersonal für klar definierte Einsatzbereiche ordern, wenn ein Arbeitsplatz neu besetzt oder eine Planstelle neu geschaffen werden soll. Auf diese Art und Weise kann der Entleiher einen (oder auch mehrere) potenzielle neue Mitarbeiter »testen«, ohne ein Arbeitgeberrisiko einzugehen.

Einstellungsstrategie: Aus ehemaligen Zeitarbeitskräften werden bei Bewährung feste Mitarbeiter

Allerdings muss der Kunde im Fall einer tatsächlichen Abwerbung damit rechnen, dass das Zeitarbeitsunternehmen ihm eine Vermittlungsprovision in Rechnung stellen kann, wenn es eine entsprechende Erlaubnis zur Personalvermittlung besitzt. Hier sind also im Voraus die Allgemeinen Geschäftsbedingungen des betreffenden Verleihers zu beachten. Üblicherweise fällt diese Vermittlungsprovision um so geringer aus, je länger der Einsatz der Zeitarbeitskraft vor der Übernahme andauerte.

Die Vermeidung des Arbeitgeberrisikos ist nicht selten ein Grund für den Einsatz von Zeitpersonal, bevor die eigene Einstellung eines Mitarbeiters erfolgt. Der Entleiher hat während der Einsatzzeit des Zeitarbeitnehmers die volle Weisungsbefugnis, aber weder die Pflicht zur Lohnfortzahlung im Krankheitsfall noch zur Gewährung von bezahltem Urlaub. Auch die Bezahlung von gesetzlichen Feiertagen ist nicht seine Aufgabe. Die Entlohnung dieser oft auch »kritisch« oder »unproduktiv« genannten Lohnarten hat das Zeitarbeitsunternehmen an den Mitarbeiter vorzunehmen. Der Kunde bezahlt somit nur die produktive Arbeitszeit des Mitarbeiters, also die, in der er seine Arbeitsleistung auch tatsächlich erbringt. Alle Ausfallzeiten gehen zulasten des Zeitarbeitsunternehmens.

Vermeidung des Arbeitgeberrisikos: Alle Ausfallzeiten gehen zulasten des Zeitarbeitsunternehmens

Die Zeitarbeit aus Sicht des Kundenunternehmens

Der Entleiher ist nicht an lange Kündigungsfristen gebunden

Ein weiterer entscheidender Vorteil ist die Tatsache, dass der Entleiher nicht an lange Kündigungsfristen gebunden ist, wenn er die Zeitarbeitskraft nicht mehr benötigt. Die meisten Zeitarbeitsunternehmen operieren hier mit einer Kündigungszeit des Einsatzes von nur wenigen Arbeitstagen, falls der Auftrag nicht ohnehin für einen festen Zeitraum vereinbart wurde. Alles andere wäre auch verfehlt, da die Arbeitnehmerüberlassung ansonsten entschieden an Flexibilität verlieren würde.

Somit hat der Entleiher auch nicht die Bestimmungen des Kündigungsschutzgesetzes zu beachten. Im Zweifelsfall heißt das nicht nur, dass er freier disponieren kann, sondern auch, dass Kündigungsschutzklagen bei ihm an der falschen Adresse wären. Auch Abfindungszahlungen für den Verlust des Arbeitsplatzes, die nicht selten das Ergebnis von gerichtsanhängigen oder frei verhandelten Kündigungsauseinandersetzungen sind, hat er demnach nicht zu leisten.

Um keine Missverständnisse aufkommen zu lassen, sei hier nochmals betont:

In Fällen der Kündigung des Arbeitsvertrages eines Leiharbeitnehmers geniesst dieser durchaus den gleichen gesetzlichen Schutz wie jeder andere Arbeitnehmer auch. Anspruchsgegner ist hierbei aber immer der Verleiher, also das Zeitarbeitsunternehmen, und nicht etwa der Entleiher, also der Kunde.

Zeitarbeitkräfte sind schnell verfügbar

Ein weiterer Grund, der oftmals für den Einsatz von Zeitpersonal spricht, ist die üblicherweise sehr schnelle Verfügbarkeit. Durch die breite Präsenz von Zeitarbeitsunternehmen ist es in vielen Fällen möglich, den gewünschten Mitarbeiter von einem auf den anderen Tag gestellt zu bekommen, wenn dies erforderlich ist.

Wenn allerdings besondere Qualifikationen gefragt sind, beispielsweise ein CNC-Dreher, der die Steuerung einer computergesteuerten Drehbank eines bestimmten Herstellers beherrschen soll, oder eine Fremdsprachensekretärin, die

Vorteile für den Zeitarbeitskunden

sowohl die englische als auch die französische und die russische Sprache weitestgehend perfekt in Wort und Schrift in sich vereint, kann dies zu vergeblichen Anrufen bei mehreren Zeitarbeitsunternehmen führen. Dies ist mit ein Grund, dass sich Unternehmen, die des öfteren auf die Dienste der Arbeitskräfteverleiher zurückgreifen, nicht auf einen einzigen Anbieter verlassen. Sie schaffen sich oftmals ein »zweites Standbein«, um für den Ernstfall besser gerüstet zu sein und die Konditionen und Bedingungen bereits zu kennen.

Sucht man öfter qualifiziertere Kräfte, ist es sinnvoll, mit mehreren Verleihern Kontakt zu halten

Ist er dann fündig geworden, kann sich der Auftraggeber gleich über die nächsten Vorteile freuen, die seinen Kostenapparat entlasten. Bis auf die Unterschrift unter den wöchentlichen Stundennachweis und die Bearbeitung der später daraus resultierenden Rechnung des Zeitarbeitsunternehmens hat er nämlich keinen weiteren Verwaltungsaufwand zu tragen. Weder ist eine Personalakte für den Zeitarbeitnehmer zu führen noch hat er die eigentliche Abrechnung (Lohnbuchhaltung) für den Mitarbeiter auf Zeit zu erledigen. Dies führt zu einer erheblichen Entlastung seiner Personalabteilung und Buchhaltung bzw. zu einer Reduzierung seiner Steuerberatungskosten.

Das Führen von Personalakten und die Lohn- und Gehaltsbuchhaltung entfallen für den Entleiher

Normalerweise hätte er natürlich auch längst vor dem Einsatz eines neuen Mitarbeiters einen höheren Zeit- und Kostenaufwand gehabt, sei es durch die Schaltung von Stelleninseraten in der örtlichen Tagespresse oder durch den Kontakt zur Arbeitsvermittlung des für seinen Firmensitz zuständigen Arbeitsamtes, der zudem erfahrungsgemäß nicht in allen Fällen den gewünschten Erfolg bringt. Auch wäre einige kostbare Zeit zum Führen von Vorstellungsgesprächen erforderlich gewesen. Dieser Aufwand entfällt beim Einsatz eines Zeitarbeitnehmers.

Der übliche Einstellungsaufwand entfällt ebenfalls

Allerdings rechnet sich diese Zeit- und Kostenersparnis nur dann, wenn der temporäre Mitarbeiter sowohl fachlich als auch charakterlich für den Einsatz im jeweiligen Kundenunternehmen geeignet ist.

Die Zeitarbeit aus Sicht des Kundenunternehmens

Die Verleiher sind bemüht, ihren Mitarbeiterstamm den Wünschen und Bedürfnissen ihrer Kunden anzupassen, anders könnten sie auch langfristig nicht überleben. Aber auch in Zeitarbeitsunternehmen entscheiden Menschen über die Einstellung und Entlassung von anderen Menschen, insofern sind Fehlentscheidungen nicht gänzlich zu vermeiden.

Der Personalverantwortliche des Verleihers sollte den Arbeitsplatz beim Kunden genau kennen

Deshalb entspricht die Eignung des überlassenen Mitarbeiters auch nach der vorherigen (hoffentlich gründlichen) Absprache zur eigentlichen Arbeitsaufgabe nicht in allen Fällen den Vorstellungen des Kundenbetriebs. Im Interesse aller Beteiligten sollte der Verantwortliche des Verleihers den Arbeitsplatz beim Kunden möglichst genau kennen.

Nicht wenige Zeitarbeitsfirmen berechnen die ersten Stunden eines Einsatzes nicht an ihren Kunden weiter, wenn sich der Mitarbeiter trotz aller Bemühungen für eine bestimmte Arbeitsaufgabe als ungeeignet herausstellt, sondern übernehmen die Kosten selbst.

Zeitarbeitsunternehmen sind nicht tarifgebunden: Die Kosten für Zeitarbeitskräfte richten sich für den Entleiher nach Angebot und Nachfrage

Auch wenn man diesen besonderen Fall nicht berücksichtigt, können die Kosten eines Zeitarbeitnehmers für den Kundenbetrieb oftmals günstiger ausfallen als die Kosten für einen eigenen Mitarbeiter. Dies liegt unter anderem daran, dass ein Zeitarbeitsunternehmen nicht tarifgebunden ist und somit keine festen Vorgaben für die Entlohnung und die freiwilligen sozialen Leistungen seiner Mitarbeiter zu befolgen hat. Die Konditionen richten sich hier ausschließlich nach Angebot und Nachfrage. Da viele Verleihfirmen straff organisiert sind, ist auch der Verwaltungsapparat überschaubar und nicht so kostenintensiv wie bei vielen »konventionellen« Unternehmen.

Liegen die Lohnnebenkosten in einigen Branchen und bei vielen Großunternehmen mittlerweile bei 90% und mehr (bezogen auf den Bruttostundenlohn des Mitarbeiters), kommen einige Zeitarbeitsunternehmen unter Umständen schon mit 65 bis 70% aus, allerdings ohne Einbeziehung des erwarteten Unternehmerlohnes, der Rücklagenbildung, des Wagnisausfalles und letztlich des Gewinns. In beiden Berechnungen sind hierbei die Ausfallzeiten der Mitarbeiter bereits berücksichtigt.

Trotzdem darf der Stundenverrechnungssatz für den Zeitarbeitskunden beileibe nicht das entscheidende Auswahl-

Vorteile für den Zeitarbeitskunden

kriterium sein. Eine Zeitarbeitsfirma, die ihre Mitarbeiter überdurchschnittlich bezahlt und gute Sozialleistungen bietet, kann im Normalfall auch mit besser motivierten und in vielen Fällen auch mit besser qualifizierten Mitarbeitern aufwarten. Das schlägt sich natürlich dann auf den Verrechnungssatz für jede einzelne Arbeitsstunde nieder.

Der Stundenverrechnungssatz darf nicht das einzige Auswahlkriterium sein

> EINE »BILLIGE« ZEITARBEITSKRAFT KANN TEURER ZU STEHEN KOMMEN, ALS EINE VERMEINTLICH KOSTSPIELIGERE, DIE DANN ABER EINE ERSTKLASSIGE ARBEITSLEISTUNG ERBRINGT.

5.2 Risiken für den Zeitarbeitskunden

Wo viel Licht ist, ist in manchen Fällen auch Schatten. Deshalb sollte jeder Entleiher auch darüber informiert sein, welche Gefahren beim Einsatz von Arbeitskräften im Rahmen der Arbeitnehmerüberlassung für ihn existieren.

Dies sind zum Teil die gleichen Probleme, die er im Einzelfall mit seinen eigenen Mitarbeitern auch haben kann, zum Teil aber auch spezifische Zeitarbeitsrisiken. So macht sich auch der Entleiher der illegalen Arbeitnehmerüberlassung strafbar, wenn das Zeitarbeitsunternehmen keine entsprechende Erlaubnis des Landesarbeitsamtes hat. Aber was fast noch schwerer wiegt: Die Rechtsprechung sieht vor, dass in einem solchen Fall das Arbeitsverhältnis seit Beginn der Überlassung direkt zwischen den eingesetzten Zeitarbeitskräften und dem Entleiher zu Stande gekommen ist, da die abgeschlossenen Arbeitnehmerüberlassungsverträge in einem solchen Fall unwirksam sind. Dies kann unter Umständen teuer werden.

Auch der Entleiher macht sich der illegalen Arbeitnehmerüberlassung schuldig, wenn der Verleiher keine Lizenz hat

Natürlich fällt auch ein temporärer Mitarbeiter unter Umständen einmal wegen Krankheit aus oder fehlt aus anderen Gründen. Die Zeitarbeitsunternehmen sind dann bemüht, kurzfristig für Ersatz zu sorgen, da sie schließlich in einem solchen Fall selbst eine Umsatzeinbuße zu verzeichnen haben. Trotzdem kann der Zeitarbeitskunde nicht immer davon ausgehen, dass er noch am gleichen oder am nächsten Tag einen adäquaten Mitarbeiter als Ersatz erhält.

Die Zeitarbeit aus Sicht des Kundenunternehmens

Beim Ausfall qualifizierter Zeitmitarbeiter gibt es unter Umständen nicht sofort Ersatz

Insbesondere bei höher qualifizierten Mitarbeitern kann es dabei Probleme geben. Hier ist eine schnellstmögliche Verständigung zwischen Ent- und Verleiher erforderlich, um die Ausfallzeit in Grenzen zu halten. Mitunter erfährt der Entleiher eher vom Ausfall eines Mitarbeiters als der Verleiher, bei dem sich der betreffende Mitarbeiter eigentlich zuerst melden müsste.

Eines aber ist in einem solchen Fall klar: Das Zeitarbeitsunternehmen haftet nicht für diese Ausfallzeit.

Schäden auf Grund von Ausfallzeiten gehen zulasten des Entleihers

Das heißt, ein eventueller Nachteil, der dem Entleiher durch das Nichterscheinen der Zeitarbeitskraft entsteht (z. B. aus der Nichteinhaltung von Terminen) geht zu seinen Lasten, genauso, als wenn ein eigener Mitarbeiter die Ursache dafür wäre.

Für durch Zeitmitarbeiter verursachte Schäden muss ebenfalls der Entleiher aufkommen

Ebenso verhält es sich, wenn eine Zeitarbeitskraft einen Schaden bei ihm verursacht.

Nehmen wir einmal das Beispiel eines Gabelstaplerfahrers, der eine Palette mit Getränkeflaschen auf dem Weg aus dem Lager zum Lkw »verliert«. In einem solchen Fall haftet allein der Entleiher für den entstandenen Schaden, da er die alleinige Weisungsbefugnis über den Mitarbeiter hat. Wie sollte das Zeitarbeitsunternehmen diese direkt am Arbeitsplatz auch ausüben?

Im Falle eines »Auswahlverschuldens« haftet dagegen das Zeitarbeitsunternehmen

Trotzdem gibt es zwei Fälle, in denen der Entleiher seinen Schaden ersetzt bekommen kann. Ist dem Zeitarbeitsunternehmen nachzuweisen, dass es ein so genanntes »Auswahlverschulden« begangen hat, kann dieser Schaden über die Betriebshaftpflichtversicherung des Verleihers abgewickelt werden. Ein solches Verschulden liegt dann vor, wenn der eingesetzte Mitarbeiter nicht die erforderliche, durch den Kunden gewünschte und letztlich im Arbeitnehmerüberlassungsvertrag vereinbarte Qualifikation hat.

Im Fall unseres Gabelstaplerfahrers sollte dieser also im Besitz eines Befähigungsnachweises zur Führung von Flurförderfahrzeugen sein und bereits Erfahrung im Umgang mit diesen Fahrzeugen besitzen. Ist dies nicht der Fall, hat der Kunde unter Umständen Anspruch auf eine Entschädigung.

Wenn es sich nicht um ein Auswahlverschulden handelt, kann der Entleiher eine Regulierung im Rahmen seiner eigenen

Risiken für den Zeitarbeitskunden

Betriebshaftpflichtversicherung anstreben. Hier ist allerdings Vorsicht geboten, weil einige Versicherungsverträge einen Ausschluss für die Tätigkeit von Leiharbeitnehmern vorsehen.

Eine weitere, allerdings seltenere Möglichkeit ist die, dass die Schaden verursachende Zeitarbeitskraft theoretisch selbst zivilrechtlich belangt werden kann, so wie es auch bei eigenen Mitarbeitern denkbar wäre.

Dieser Weg ist aber nur dann Erfolg versprechend, wenn dem Mitarbeiter grobe Fahrlässigkeit oder sogar Vorsatz nachzuweisen ist, also sicher nicht in dem hier geschilderten Fall.

Ein weiteres Risiko für den Zeitarbeitskunden ist die so genannte SUBSIDIÄRHAFTUNG, also nachrangige Haftung. Diese Formulierung bezieht sich auf den Fall, dass das Zeitarbeitsunternehmen seiner Arbeitgeberpflicht zur Abführung der Sozialversicherungsbeiträge nicht nachkommt. Diese Zahlungspflicht geht in einem solchen Fall auf den Zeitarbeitskunden über.

Ist die Tätigkeit von Leiharbeitnehmern in die Betriebshaftpflichtversicherung des Entleihers eingeschlossen?

Im Falle von Unregelmäßigkeiten beim Verleiher geht die Zahlungpflicht für Sozialversicherungsbeiträge auf den Entleiher über

> DIE AUSWAHL EINES SERIÖSEN ZEITARBEITSUNTERNEHMENS, DASS SEINEN VERPFLICHTUNGEN GEGENÜBER DEN ZEITARBEITSKRÄFTEN UND DEN BETEILIGTEN INSTITUTIONEN ZUVERLÄSSIG NACHKOMMT, IST FÜR DAS KUNDENUNTERNEHMEN VON ALLERGRÖSSTER BEDEUTUNG.

Wichtig für Zeitarbeitskunden aus dem Baubereich ist, dass sie sich ebenfalls strafbar machen, wenn das Überlassungsverbot für gewerbliche Mitarbeiter (vgl. Kap. 2.2.10) missachtet wird. Hier hat also nicht etwa nur das Zeitarbeitsunternehmen die Verpflichtung, das entsprechende Überlassungsverbot zu beachten. Ein Bußgeld ist in diesem Fall noch die geringste Folge.

Gleiches gilt, wenn ein Ausländer ohne die entsprechende Arbeitserlaubnis beschäftigt wird. Auch dann macht sich der Verleiher, ebenso wie der Entleiher, strafbar. Ein Kunde eines Zeitarbeitsunternehmens ist also gut beraten, wenn er sich die gültige Arbeitserlaubnis des bei ihm eingesetzten Zeitarbeiters (vgl. Kap. 2.2.1) zumindest in Kopie vorlegen lässt, um kein eigenes Risiko einzugehen.

Auch der Entleiher macht sich strafbar, wenn er Zeitarbeiter ohne gültige Arbeitserlaubnis beschäftigt

Die Zeitarbeit aus Sicht des Kundenunternehmens

In Fragen der Arbeitssicherheit sind Leiharbeitnehmer festen Mitarbeitern gleichgestellt

Auch bezüglich der Arbeitssicherheit und in Fragen des Arbeitsschutzes hat der Zeitarbeitskunde den Zeitarbeitnehmer wie einen eigenen Mitarbeiter zu behandeln. Alle für seinen Betrieb geltenden Vorschriften des Arbeitsschutzrechts sind in vollem Umfang auch auf den Einsatz des Leiharbeitnehmers anzuwenden. Zum Beispiel hat die Zeitarbeitskraft vor Beginn der Tätigkeit eine sicherheitstechnische Unterweisung zu erhalten. Die Ausstattung des Zeitarbeitnehmers mit persönlicher Schutzausrüstung erfolgt im Normalfall (mit Ausnahme von kundenspezifischen Erfordernissen) allerdings allein durch den Verleiher.

5.3 Checkliste »Sicheres Arbeiten mit Zeitarbeitsunternehmen«

Die folgenden Punkte sind grundsätzlich bei der Auswahl eines zuverlässigen und leistungsfähigen Zeitarbeitsunternehmens wichtig. Je nach Branche können die einzelnen Punkte eine unterschiedliche Bedeutung haben. Hier sollte sich jeder Personalentscheidungsträger selbst ein Urteil über die für ihn herausragenden und wichtigsten Eigenschaften bilden.

- ✔ Ist das Zeitarbeitsunternehmen im Besitz einer gültigen Erlaubnis zur Arbeitnehmerüberlassung, ausgestellt vom zuständigen Landesarbeitsamt?
- ✔ Können Unbedenklichkeitsbescheinigungen der folgenden Institutionen, die eine zuverlässige Abführung der Beiträge und Steuern dokumentieren, auf Verlangen vorgelegt werden?
  a. Gesetzliche Krankenversicherung
  b. Zuständiges Finanzamt
  c. Zuständige Berufsgenossenschaft (üblicherweise Verwaltungs-Berufsgenossenschaft)
- ✔ Unterhält das Unternehmen eine Betriebshaftpflichtversicherung, beispielsweise zum Ausgleich von Schäden im Falle eines Auswahlverschuldens?
- ✔ Sind die »internen« Mitarbeiter der Zeitarbeitsfirma fachlich versiert und in der Lage, den Kunden kompetent zu beraten?

Sicheres Arbeiten mit Zeitarbeitsunternehmen

✔ Wie wählt der Verleiher seine Mitarbeiter aus?

✔ Was tut das Zeitarbeitsunternehmen für die Motivation seiner »externen« Mitarbeiter?

✔ Stellt das Zeitarbeitsunternehmen die persönliche Schutzausrüstung für die Zeitarbeitskräfte und werden die Arbeitsschutzbestimmungen auch ansonsten beachtet?

✔ Stimmt der Preis für die gewünschte Mitarbeiterqualifikation? Hier darf die grobe Faustregel gelten:

Bruttostundenlohn, den das Kundenunternehmen selbst an einen adäquaten Mitarbeiter bezahlen würde, xFaktor 2 bis 2,25. Beispiel: Stundenlohn des Mitarbeiters 16,–DM, Stundenverrechnungssatz 32,– bis 36,–DM. Hierin sind dann alle Nebenkosten sowie die Ausfallzeiten, die das Zeitarbeitsunternehmen trägt, sowie der Gewinn enthalten. Ein zu günstiger Preis kann (muss aber nicht) auf eine mangelnde Qualifikation oder Motivation des Mitarbeiters hinweisen.

✔ Wie hoch sind die Zuschläge, die für Mehrarbeit, Schichtarbeit etc. berechnet werden? Diese sollten in gleicher prozentualer Höhe auch an den Mitarbeiter weitergegeben werden.

✔ Was tut das Zeitarbeitsunternehmen für die Weiterbildung seiner Mitarbeiter?

✔ Ist es möglich, einen Mitarbeiter, der sich als nicht geeignet herausstellt, innerhalb einiger Stunden ohne Berechnung zurückzuschicken?

✔ Gibt das Zeitarbeitsunternehmen seinen Mitarbeitern exakte Wegbeschreibungen für die Kundeneinsätze an die Hand oder erfolgen im Idealfall sogar Einsatzbegleitungen durch den zuständigen internen Mitarbeiter (z.B. Disponenten)?

✔ Sind die Allgemeinen Geschäftsbedingungen akzeptabel?

✔ Wie ist die Kündigungsfrist für einen Einsatz, wenn nicht von vornherein eine feste Laufzeit vereinbart wurde (branchenüblich sind 3 bis 10 Arbeitstage)?

✔ Ist der Verleiher bereit, bei einem größeren Umfang der gemeinsamen Geschäftstätigkeit eine Bankbürgschaft seiner Hausbank zur Abdeckung des Risikos der Subsidiär-

DIE ZEITARBEIT AUS SICHT DES KUNDENUNTERNEHMENS

haftung (vgl. Kap. 5.2) beizubringen? Dies wird sich allerdings im Normalfall auf den Stundenverrechnungssatz auswirken, da dieser Vorgang nicht nur die Bonität des Verleihers schmälert, sondern ihm hierbei auch Kosten entstehen.

6 DIE ZEITARBEIT AUS SICHT DES LEIHARBEITNEHMERS

Grundsätzlich kommt jeder Arbeitnehmer für eine Beschäftigung bei einem Zeitarbeitsunternehmen in Frage

Grundsätzlich kommt jeder Arbeitnehmer, egal, ob er in einem gewerblichen, technischen oder kaufmännischen Beruf oder auch in der öffentlichen Verwaltung tätig ist, für eine Beschäftigung bei einem Zeitarbeitsunternehmen in Frage. Dies gilt natürlich genauso für Studenten oder Schüler, die sich zunächst nur für eine befristete Zeit in ein Arbeitsverhältnis begeben wollen.

Auch länger nicht berufstätige Hausfrauen (oder -männer) und Mütter, die wieder in das Arbeitsleben einsteigen wollen, stehen eventuell vor der Frage, welche Dinge zu beachten sind, wenn man sich bei einem Zeitarbeitsunternehmen bewirbt.

Nachfolgend werden die wesentlichen Merkmale genannt, die eine Tätigkeit als Leiharbeitnehmer mit sich bringt. Auch wenn die Ausgangslage für jeden Bewerber naturgemäß unterschiedlich ist, gibt es grundsätzliche Überlegungen, die jeder Leiharbeitnehmer »in spe« bedenken sollte.

Die in diesem Kapitel enthaltene Checkliste (vgl. 6.6) nennt die Kriterien, die vor einer Vertragsunterzeichnung zur eigenen Sicherheit geprüft werden sollten.

6.1 Wie unterscheidet sich ein Zeitarbeitsplatz von einem »konventionellen« Arbeitsplatz?

In den meisten Fällen ist die Tätigkeit als Arbeitnehmer in einem Zeitarbeitsunternehmen zeitlich nicht befristet

Im Rahmen der Begriffsbestimmung zur Zeitarbeit oder Arbeitnehmerüberlassung (vgl. Kap. 2) wurde bereits festgestellt, dass die Tätigkeit als Arbeitnehmer in einem Zeitarbeitsunternehmen in den meisten Fällen nicht zeitlich befristet ist. Die begrenzte Dauer des Arbeitsverhältnisses

Zeitarbeit versus »konventionelle« Arbeit

ist also kein Kennzeichen für einen Arbeitsplatz als Zeitarbeitnehmer im Sinne der Arbeitnehmerüberlassung, so paradox es zunächst klingen mag. Viele Unternehmen außerhalb der Zeitarbeit schließen prozentual oft erheblich mehr befristete Verträge ab als die Arbeitskräfteverleiher.

> *Das bezeichnende Kriterium für einen Zeitarbeitsplatz ist: Wechselnde Arbeitsstellen und wechselnde Chefs.*

In der Tat hat der Zeitarbeitnehmer grundsätzlich schon von Hause aus in jedem Einsatz mindestens zwei direkte Vorgesetzte, was in vielen anderen Bereichen eher ungewöhnlich ist.

Der Zeitarbeitnehmer hat grundsätzlich immer zwei direkte Vorgesetzte

Der Disponent/Abteilungsleiter oder Niederlassungsleiter (je nach Struktur) eines Zeitarbeitsunternehmens ist hierbei die eine Bezugsperson, der gegenüber man als Leiharbeitnehmer hauptsächlich verantwortlich ist, und der für diesen Einsatz zuständige Mitarbeiter beim Entleiher (z.B. Meister, Abteilungsleiter, Gruppenleiter) ist die andere Person, die berechtigt ist, Arbeitsanweisungen zu erteilen.

Dies klingt allerdings zunächst schlimmer und komplizierter, als es ist, da die Entleiher (im Übrigen auch deren Mitarbeiter) zumeist sehr froh sind, dass sie nun eine Unterstützung durch den Zeitarbeitnehmer erhalten.

Die Weisungsbefugnis ist gewissermaßen zwischen den beiden genannten Personen geteilt. Der Vertreter des Verleihers ist der eigentliche Dienstvorgesetzte, der beispielsweise für Gespräche in Bezug auf den Arbeitsvertrag, Urlaubsanträge, etwaige Krankmeldungen, aber auch für Versetzungen auf einen anderen Arbeitsplatz und ähnliche Dinge zuständig ist. Die Weisungsbefugnis des Entleihers hingegen bezieht sich auf die fachliche Seite und somit zumeist auf die eigentlichen Arbeitsinhalte, von denen der Personaldisponent auf Grund der Vielschichtigkeit seiner Kunden im Normalfall auch keine umfassende Kenntnis haben kann.

Der Vertreter des Verleihers ist der eigentliche Dienstvorgesetzte; die Weisungsbefugnis des Entleihers bezieht sich auf die fachliche Seite

Auch die wechselnden Einsätze wirken auf viele Menschen zunächst einmal eher verunsichernd, weil sie auf den ersten Blick mit einer Ungewissheit verbunden sind. Wenn man aber

Die Zeitarbeit aus Sicht des Leiharbeitnehmers

Die Einsatzzeiten dauern bis zu 12 Monaten

weiß, dass die Einsätze bei einem Kunden bis zu 12 Monate dauern dürfen und dass sie im Durchschnitt selten kürzer als 2 Wochen sind (vorausgesetzt, die Eignung des Mitarbeiters für den betreffenden Einsatz wurde vom Personaldisponenten richtig eingeschätzt und es gibt keine zwischenmenschlichen Probleme), verliert auch dieses Zeitarbeitsphänomen ein wenig den Schrecken.

Auch im konventionellen Bereich gibt es Berufe, die wechselnde Einsatzstellen mit sich bringen

Zudem gibt es auch viele andere Berufe (außerhalb der Arbeitnehmerüberlassung), die ebenfalls wechselnde Einsatzstellen erfordern. Hierbei kann es sich sowohl um gewerbliche Berufe (z. B. im Baubereich) oder um kaufmännische Berufe (etwa Außendienstmitarbeiter) als auch um Verwaltungsberufe (z. B. Betriebsprüfer beim Finanzamt) handeln, um nur einige wenige Beispiele zu nennen.

Eher extrovertierte Menschen werden mit wechselnden Arbeitsplätzen besser zurechtkommen

Man sollte allerdings nicht verheimlichen, dass die wechselnden Arbeitsorte nicht für jeden Menschen geeignet sind. Leute, die eher extrovertiert sind und mit offenen Armen auf ihre Mitmenschen zugehen, werden damit besser zurechtkommen als Menschen, die man als introvertiert oder eher kontaktarm bezeichnen kann.

Einer möglichen Schwellenangst und einer eventuellen Unsicherheit am ersten Arbeitstag bei einem neuen Entleiher werden die verantwortlichen Mitarbeiter des Zeitarbeitsunternehmens tatkräftig entgegenwirken, wenn sie ihr Handwerk verstehen. Dies kann sich sowohl auf eine fundierte Einstimmung auf den neuen Arbeitsplatz (genaue Aufgabe, Kollegen, Vorgesetzte, Arbeitssicherheitsbelehrung, Umfeld, Kantinensituation etc.) als auch auf eine optimale Wegbeschreibung beziehen.

Eine Einsatzbegleitung am ersten Tag erleichtert die Eingewöhnung

Einige Zeitarbeitsunternehmen führen zudem als besonderen Service eine so genannte Einsatzbegleitung durch, d.h. sie begleiten ihre Mitarbeiter am ersten Arbeitstag eines neuen Einsatzes zum Kunden, was im Interesse aller Beteiligten ausgesprochen begrüßenswert ist.

Trotzdem kann es, wie an allen anderen Arbeitsplätzen auch, vorkommen, dass das neue Arbeitsumfeld nicht den eigenen Vorstellungen entspricht. In einem solchen Fall ist ein offenes Gespräch mit dem zuständigen Mitarbeiter des Zeitarbeitsunternehmens zu suchen, um hier rechtzeitig Abhilfe

Zeitarbeit versus »konventionelle« Arbeit

zu schaffen. Aber auch der umgekehrte Fall kann eintreten, d. h., ein Einsatz bei einem »lieb gewonnenen« Kunden in einem interessanten Arbeitsbereich und möglicherweise einem angenehmen Umfeld kann evtl. eher zu Ende sein, als es einem recht ist.

Der Verleiher wird allerdings im Normalfall ohnehin daran interessiert sein, den Mitarbeiter möglichst lange in einem Einsatz zu belassen, da sein Aufwand (im Bezug auf die Beschaffung eines neuen Auftrages und auf die Disposition) dadurch sinkt.

Der Verleiher ist in der Regel daran interessiert, seinen Mitarbeiter möglichst lange bei einer Kundenfirma zu lassen, da sich so sein Dispositionsaufwand verringert

Somit lässt sich zusammenfassend sagen, dass es zumindest einen großen Unterschied zwischen einem herkömmlichen Arbeitsplatz und einem Zeitarbeitsplatz gibt.

In der Zeitarbeit müssen die Interessen von (mindestens) drei Personen (Leiharbeitnehmer, Entleiher und Verleiher) unter einen Hut gebracht werden, in einem »normalen« Arbeitsverhältnis meist lediglich die von zwei Parteien.

Erstes Gebot in der Zeitarbeit sollte also sein, dass alle Beteiligten offen und fair miteinander umgehen und frühzeitig über etwaige Probleme oder Abstimmungsfragen reden, um die Reibungsverluste möglichst gering zu halten und damit für jeden das Optimum zu erzielen.

6.2 Vorteile für den Zeitarbeitnehmer

Der erste Vorteil eines Zeitarbeitsplatzes liegt bereits auf der Hand, wenn man den Stellenteil einer beliebigen Tageszeitung in Deutschland aufschlägt, auch wenn dies vielleicht »ketzerisch« klingt: Er ist derzeit meist viel leichter zu bekommen als ein »konventioneller« Arbeitsplatz außerhalb der Zeitarbeit, was diese Beschäftigungsform aber nicht abwerten soll.

Zeitarbeit ist leichter zu bekommen als »konventionelle« Arbeit, da viele Firmen ihr Personal kurzfristig nach Bedarf disponieren und sich nicht an einen Arbeitnehmer binden wollen

Das heißt: Obwohl nicht einmal ein Prozent aller sozialversicherungspflichtig Beschäftigten in Deutschland in der Zeitarbeit tätig sind, bewegt sich die Zahl der Personalsuch-

DIE ZEITARBEIT AUS SICHT DES LEIHARBEITNEHMERS

20 bis 70% der Personalsuchanzeigen im Stellenmarkt von Tageszeitungen werden von Zeitarbeitsunternehmen geschaltet

anzeigen von Zeitarbeitsunternehmen im Stellenmarkt der Tageszeitungen in der Regel zwischen 20 und 60% aller veröffentlichten Anzeigen, je nach Zeitung und Region des Erscheinens. Man kann vermuten, dass in den meisten Fällen auch ein sehr konkreter Bedarf hinter diesen Stellenangeboten steckt, da die Schaltung einer Anzeige in den Tageszeitungen nun einmal Geld kostet.

»Heute bewerben, morgen anfangen«

»Heute bewerben, morgen anfangen« klingt in Stelleninseraten nicht nur verlockend, sondern entspricht bei Zeitarbeitsunternehmen in vielen Fällen der Wahrheit, wenn sich beide Seiten bezüglich der Konditionen einigen können. Diese große Vielfalt an Angeboten gibt es zudem für viele Wirtschaftsbereiche und die meisten gängigen beruflichen Qualifikationen. Schneller Arbeit finden heißt also oftmals die Devise im Vergleich zu anderen Firmen, die sich unter Umständen schon mit der Sichtung der schriftlichen Bewerbungsunterlagen (deren Einreichung in der Zeitarbeit übrigens meist nicht üblich ist) und dem anschließenden Auswahlverfahren (Bewerbungsgespräche etc.) mehrere Wochen Zeit lassen.

Wiedereinsteiger ins Berufsleben haben in der Zeitarbeit gute Chancen

Menschen, die nach einer Beschäftigungspause (z.B. nach der Kindererziehung) wieder ins Berufsleben eintreten wollen, finden über die Zeitarbeit sehr oft zurück in eine interessante Tätigkeit.

Innerhalb überschaubarer Zeit erweitert der Zeitarbeitnehmer seinen beruflichen Horizont

Ein weiterer Vorteil der Zeitarbeit liegt in der Tatsache begründet, dass man innerhalb einer überschaubaren Zeit verschiedene Arbeitsplätze und Kollegen, Arbeitsweisen und -techniken kennen lernt. Diese Erfahrungen fördern die eigene Selbstsicherheit, dienen der Weiterbildung im Arbeitsleben und können so die Basis für eine mögliche Veränderung (und womöglich Verbesserung) aus dem Zeitarbeitsverhältnis hinaus werden, wenn man es darauf anlegt.

Zeitarbeit als Basis für berufliche Veränderung

Überhaupt ist der mögliche Einstieg in andere Unternehmen (z.B. in das des Entleihers) nicht selten ein Beweggrund für Bewerber, sich um eine Arbeitsaufnahme in der Zeitarbeit zu bemühen. Das nächste Kapitel (6.3) beschäftigt sich ausführlich mit diesem Thema.

Die Arbeitskräfteverleiher zeichnen sich zumeist durch eine sehr unbürokratische Arbeitsweise aus, da die Auswahl und

Vorteile für den Zeitarbeitnehmer

Einstellung von Mitarbeitern zu ihren täglichen Aufgaben gehört. Vorsichtig sollte man als Bewerber allerdings sein, wenn es gar zu »hemdsärmelig« zugeht. Ein ausführliches Bewerbungsgespräch, in dem der Mitarbeiter zudem über die Zeitarbeit und die Anforderungen des Arbeitsplatzes informiert wird, gehört zum guten Ton, ansonsten ist Vorsicht geboten.

Nicht unbedingt ein Vorteil der Zeitarbeit gegenüber anderen Beschäftigungsformen, aber dennoch ein wichtiger Aspekt ist die Tatsache, dass auch Zeitarbeitnehmer sowohl arbeitsrechtlich als auch in sozialer Hinsicht eine volle Absicherung haben (vgl. Kap. 2).

Zeitarbeit ist eine flexible Form der Arbeit. Insofern bietet sich für den Einzelnen (der Wert darauf legt) oftmals die Chance für eine flexiblere Einteilung seiner persönlichen Arbeitszeit. Ein längeres Pausieren während eines Arbeitsverhältnisses, beispielsweise durch die Gewährung von unbezahltem Urlaub für eine längere Reise, ist in der Zeitarbeit oft viel leichter zu realisieren, als in anderen Bereichen. Hilfreich ist aber auch hier ein offenes, möglichst frühzeitiges Gespräch mit dem Personalverantwortlichen beim Arbeitgeber (also dem Zeitarbeitsunternehmen, nicht etwa dem Entleiher).

Im Rahmen der Zeitarbeit ist eine flexiblere Einteilung der Arbeitszeit möglich als in konventionellen Beschäftigungsverhältnissen

Ideal ist die Zeitarbeit natürlich auch für Personen, die ohnehin nur eine bestimmte Zeit arbeiten wollen, beispielsweise weil sie bereits einen (anderen) Dauerarbeitsplatz sicher haben, weil sie einen Umzug planen oder aus ähnlichen Gründen.

Auch jemand, der in seinem Leben schon einmal finanzielles Pech hatte oder aus sonstigen Gründen verschuldet ist, wird auf Grund einer hohen Flexibilität bei Arbeitskräfteverleihern im Normalfall eher die Bereitschaft zur Bearbeitung von etwaigen Lohn- oder Gehaltspfändungen vorfinden, ohne dass ihm persönliche Nachteile entstehen.

Ferner gewähren viele Zeitarbeitsunternehmen ihren Mitarbeitern problemlos Abschlagszahlungen zur Überbrückung der Zeit bis zur ersten vollen Lohnzahlung. Allerdings handelt es sich hierbei nicht um einen klassischen Vorschuss, sondern um einen Abschlag für bereits geleistete Arbeitsstunden.

Die Zeitarbeit aus Sicht des Leiharbeitnehmers

Einen weiteren Vorteil bietet die Zeitarbeit möglicherweise dann, wenn ein Arbeitskräfteverleiher auch die Erlaubnis zur Personalvermittlung (vgl. Teil B) besitzt. In einem solchen Fall erhält der Zeitarbeitsmitarbeiter auf Wunsch Angebote für eine Beschäftigung in einem anderen Unternehmen, das dem Personaldienstleister einen Auftrag zur Vermittlung von Mitarbeitern erteilt hat. Dies ist natürlich in erster Linie für die Menschen interessant, die die Zeitarbeit letztlich doch als eine willkommene Überbrückung ansehen.

6.3 Zeitarbeit als Sprungbrett

Niemand wird es einem Zeitarbeitnehmer verdenken, wenn er eine sich bietende Chance auf einen ihm zusagenden Dauerarbeitsplatz bei einem Entleiher ergreift. Voraussetzung ist allerdings, dass er mit offenen Karten spielt und das Zeitarbeitsunternehmen rechtzeitig informiert.

Die Zeitarbeitsfirma wird eine solche Übernahme naturgemäß in den meisten Fällen mit einem lachenden und einem weinenden Auge sehen. Auf der einen Seite konnte man sowohl einen ehemaligen Mitarbeiter als auch einen Kunden (der sich der offensichtlich guten Personalauswahl des Verleihers gerne erinnern wird) zufrieden stellen und auf der anderen Seite hat das Unternehmen einen guten Mitarbeiter weniger.

Die Zeiten, als Arbeitskräfteverleiher ihren Mitarbeitern ausdrücklich untersagten, Arbeitsverhältnisse mit Kunden im Anschluss an eine Überlassung einzugehen, gehören in den meisten Fällen der Vergangenheit an. Aber: Natürlich muss sich der Mitarbeiter an die vertraglichen Vereinbarungen, z. B. an die Kündigungsfristen, halten.

Übernimmt die entleihende Firma einen ehemaligen Zeitmitarbeiter in ein festes Arbeitsverhältnis, muss sie in der Regel an den Verleiher eine Vermittlungsgebühr zahlen

Der übernehmende Entleiher (aber nie der Zeitarbeitnehmer) muss zudem damit rechnen, dass er eine Vermittlungsgebühr an das Zeitarbeitsunternehmen bezahlen muss, wenn dies in den Allgemeinen Geschäftsbedingungen so vereinbart ist und der Verleiher auch eine Erlaubnis zur Personalvermittlung (vgl. Kap. 2) besitzt.

Dies ist nicht nur legitim, sondern auch verständlich, da die Zeitarbeit ansonsten für viele Unternehmer eine Spielwiese zum kostengünstigen Rekrutieren von Mitarbeitern bieten würde. Nicht nur, dass die Kosten für die Personalbeschaffung und -einstellung weitestgehend eingespart werden könnten, auch ein »preisgünstiger Test« eines potenziellen neuen Mitarbeiters ohne gleichzeitige Übernahme der Arbeitgeberpflichten wäre so möglich.

Weder dem Zeitarbeitsunternehmen noch dem »Testobjekt Mitarbeiter« wäre damit gedient.

Ein Zeitarbeitnehmer, der von einem Kunden übernommen wird, sollte auch den neu angebotenen Arbeitsvertrag genauestens prüfen, da dieser unter Umständen ganz andere Inhalte hat. Im Normalfall wird natürlich wiederum eine Probezeit vereinbart. Beispielsweise könnten aber auch die Kündigungsfristen kürzer sein als in dem bestehenden Vertrag mit dem Zeitarbeitsunternehmen, wenn der Zeitarbeitnehmer dort bereits länger beschäftigt war.

Die Arbeitsbedingungen eines Zeitarbeitnehmers können sich verändern, wenn er in ein Arbeitsverhältnis mit seiner ehemaligen Kundenfirma eintritt

6.4 Aus- und Weiterbildung bei Zeitarbeitsunternehmen

Die Arbeitskräfteverleiher leben von der Qualifikation, Motivation und Zuverlässigkeit ihrer Mitarbeiter. Deshalb ist jedes Zeitarbeitsunternehmen, das die Fortbildung der Mitarbeiter vollkommen außer Acht lässt, schlecht beraten.

In vielen Berufen ändern sich die Anforderungen an die Beschäftigten stetig. Um mit dieser Entwicklung Schritt halten zu können, sind sowohl der Arbeitgeber als auch der Arbeitnehmer gefordert. Dies gilt auf Grund der wechselnden Arbeitsplätze in der Arbeitnehmerüberlassung noch mehr als in anderen Bereichen.

Um den ständig wechselnden Anforderungen ihrer Kundenfirmen gerecht werden zu können, ist es für Zeitarbeitsfirmen besonders wichtig, ihre Mitarbeiter beruflich weiterzuqualifizieren

Der Arbeitnehmer ist gefordert, die Bereitschaft und die grundsätzliche Qualifikation für den Beginn einer Weiterbildungsmaßnahme aufzubringen. Auf den Schultern des Arbeitgebers (in diesem Fall also des Zeitarbeitsunternehmens) lastet in den meisten Fällen die Übernahme der entstehenden Kosten und die Vergütung der versäumten regulären Arbeitszeit, zumindest aber eine Beteiligung an den finanziellen Aufwendungen des Mitarbeiters.

Voraussetzung ist natürlich, dass die neu erworbenen Kenntnisse innerhalb des betreffenden Beschäftigungsverhältnis-

Die Zeitarbeit aus Sicht des Leiharbeitnehmers

ses nutzbringend eingesetzt werden können. Bei Vorliegen der Voraussetzungen liegt auch eine finanzielle Förderung durch das zuständige Arbeitsamt im Bereich des Möglichen, allerdings gilt das im Regelfall nur dann, wenn der betreffende Arbeitnehmer bereits arbeitslos oder direkt von einer künftigen Arbeitslosigkeit bedroht ist.

Mögliche Weiterbildungsmaßnahmen für Zeitarbeitnehmer

Klassische Beispiele für die Weiterbildung von Mitarbeitern in Zeitarbeitsunternehmen sind z. B.:

Die Erneuerung und Erweiterung von zeitlich begrenzten Qualifikationsnachweisen (z. B. Schweißprüfungen), die Ausweitung bereits vorhandener Kenntnisse (beispielsweise das Erlernen spezieller PC-Programme für kaufmännische Mitarbeiter) oder das Erlangen vollkommen neuer Befähigungen (z. B. wenn ein Lagerarbeiter einen Lehrgang zum Führen von Flurförderfahrzeugen absolviert).

Scheidet ein Zeitarbeitnehmer nach einer Weiterbildungsmaßnahme vorzeitig aus, muss er sich rückwirkend an deren Kosten beteiligen

Wenn ein Zeitarbeitsunternehmen die Kosten einer Weiterbildungsmaßnahme für einen Mitarbeiter übernimmt (oder sich daran beteiligt), wird es eine Rückzahlungsvereinbarung für den Fall seines Ausscheidens treffen. Das ist nicht zu beanstanden und auch in den meisten anderen Unternehmen und Branchen üblich.

Konkret wird damit vereinbart, dass der Mitarbeiter sich rückwirkend selbst an den Kosten der Weiterbildungsmaßnahme beteiligt, wenn er innerhalb einer ausgehandelten Zeit das Arbeitsverhältnis selbst kündigt oder aus gerechtfertigten Gründen (z. B. erhebliches Fehlverhalten) durch den Arbeitgeber außerordentlich (d. h. fristlos) gekündigt wird. Die übliche Zeit für derartige Vereinbarungen liegt im Normalfall zwischen einem halben Jahr und zwei Jahren, wobei sich die Höhe der prozentualen Rückzahlung mit längerer Betriebszugehörigkeit immer weiter verringert.

6.5 Risiken für den Zeitarbeitnehmer

Grundsätzlich haben Zeitarbeitnehmer die gleichen Risiken zu tragen wie alle anderen Arbeitnehmer auch. In Anbetracht der immer weiter steigenden Zahl von Unternehmenspleiten und Konkursverfahren ist dieses Risiko somit nicht zu unterschätzen. Es handelt sich aber schon deshalb nicht um ein

Risiken für den Zeitarbeitnehmer

zeitarbeitsspezifisches Problem, weil in der Statistik der Firmeninsolvenzen die Betriebe der Arbeitnehmerüberlassung eher als unauffällig einzustufen sind. Das heißt, die Zahl der Unternehmenspleiten ist in diesem Bereich nicht überdurchschnittlich hoch.

Risiken für einen Arbeitnehmer bestehen hauptsächlich dann, wenn der Arbeitgeber aus irgendwelchen Gründen seinen Verpflichtungen aus dem gemeinsamen Arbeitsvertrag nicht nachkommen kann (oder will) oder wenn er (bewusst oder unbewusst) gegen gesetzliche oder sozialversicherungsrechtliche Bestimmungen verstößt. Insofern ist die Auswahl des richtigen Unternehmens, dem man seine Arbeitskraft »anvertraut«, in der Zeitarbeit genauso wichtig wie in jeder anderen Branche auch.

Die Checkliste im nachfolgenden Kapitel (6.6) nennt die wichtigen Entscheidungskriterien zur Auswahl des richtigen Zeitarbeitsunternehmens.

Hierbei sollte die Arbeitssicherheit einen besonders hohen Stellenwert haben, da dem Arbeitnehmer bei einer nachlässigen Haltung des Arbeitgebers zu diesem Thema unter Umständen nicht nur ein finanzieller Nachteil entstehen kann, sondern seine körperliche Unversehrtheit und im Extremfall seine weitere Existenz auf dem Spiel steht. Jeder Arbeitgeber muss also alle erforderlichen Schritte unternehmen, um den Mitarbeiter bei der Ausübung seiner Tätigkeit vor einem möglicherweise drohenden körperlichen Schaden zu schützen.

Ist gerade bei wechselnden Arbeitsplätzen die Arbeitssicherheit gewährleistet?

Ferner dürfen keine arbeitgeberseitigen Risiken aus dem Arbeitsvertrag auf den Arbeitnehmer übertragen werden. Im Bereich der Zeitarbeit heißt das konkret, dass der auch in Zeiten des Nichteinsatzes vorhandene Vergütungsanspruch des Arbeitnehmers nicht durch auferlegte Urlaubszeiten (»aufgedrückter« Tarifurlaub oder unbezahlter Urlaub) abgefälscht werden darf. Wenn der Arbeitnehmer gerade diese Zeiten zwischen zwei Einsätzen ohnehin für seinen Urlaub nutzen will und damit nur seinem Wunsch entsprochen wird, bestehen natürlich keine Einwände und allen Beteiligten ist gedient.

Ist auch in Zeiten des Nichteinsatzes die Vergütung gesichert?

Die Mitgliedschaft in einem der Unternehmensverbände für Zeitarbeit in Deutschland (vgl. Kap. 13) allein ist noch kein

Die Zeitarbeit aus Sicht des Leiharbeitnehmers

Die bloße Mitgliedschaft in einem der Unternehmensverbände für Zeitarbeit in Deutschland ist noch kein Qualitätsausweis für die Arbeitsweise eines Zeitarbeitsunternehmens

konkreter Hinweis auf die Arbeitsweise und die Konditionen des betreffenden Unternehmens. Zwar haben sich die Mitgliedsfirmen verpflichtet, bestimmte Mindestbedingungen zu erfüllen, und sie unterziehen sich zudem einer Art freiwilliger Selbstkontrolle, deshalb arbeiten andere Unternehmen unter Umständen trotzdem effektiver und bieten vielleicht noch bessere Konditionen und Arbeitsbedingungen.

Insofern kann man sich wirklich nur auf die eigene Auswahl (hierbei soll die folgende Checkliste helfen) und auf den persönlichen Eindruck verlassen, den man gewinnt.

6.6 Checkliste »Sicheres Arbeiten bei einem Zeitarbeitsunternehmen«

Die nachfolgenden Kriterien sind grundsätzlich bei der Auswahl eines zuverlässigen und partnerschaftlich eingestellten Zeitarbeitsunternehmens zu berücksichtigen. Je nach persönlicher Ausgangsposition und Einstellung haben die einzelnen Punkte jedoch mit Sicherheit eine unterschiedliche Bedeutung für den Einzelnen.

✔ Ist das Zeitarbeitsunternehmen im Besitz einer gültigen Erlaubnis zur Arbeitnehmerüberlassung, ausgestellt vom zuständigen Landesarbeitsamt (evtl. hängt diese als Kopie in den Geschäftsräumen aus)?

✔ Welchen Eindruck erwecken die Büroräume, in denen man sich vorstellt, und deren Ausstattung?

✔ Sind die »internen« Mitarbeiter des betreffenden Unternehmens freundlich und geben sie bereitwillig und fachlich fundiert Auskunft?

✔ Liegt das Zeitarbeitsunternehmen (bzw. die entsprechende Niederlassung) verkehrsgünstig?

✔ Ist die Vergütung für die angebotene Tätigkeit angemessen und marktgerecht?

✔ Werden zusätzliche Leistungen wie Urlaubsgeld, Weihnachtsgeld und vielleicht sogar ein Zuschuss zu den ver-

Sicheres Arbeiten bei einem Zeitarbeitsunternehmen

mögenswirksamen Leistungen gewährt (üblicherweise nach der Probezeit)?

✔ Sind im betreffenden Unternehmen schriftliche Arbeitsverträge üblich?

✔ Entsprechen die vereinbarten Kündigungsfristen den gesetzlichen Bestimmungen (14 Tage in der Probezeit und danach vier Wochen zum 15. oder Letzten eines Monats)?

✔ Ist die Probezeit maximal 6 Monate lang?

✔ Händigt man den Mitarbeitern zu jedem neuen Einsatz einen Einsatzbegleitschein mit einer möglichst exakten Wegbeschreibung aus?

✔ Ist man bereit, bei jedem neuen Einsatz die Anforderungen und Bedingungen im Vorfeld genau zu beschreiben?

✔ Wird von vornherein nur ein befristeter Vertrag angeboten, obwohl arbeitnehmerseitig Interesse an einem unbefristeten Arbeitsverhältnis besteht? Das ist zwar neuerdings rechtlich in Ordnung – im Normalfall sollte aber (bei vergleichbaren Konditionen) ein unbefristeter Vertrag bevorzugt werden.

✔ Findet eine Arbeitssicherheitsbelehrung direkt nach der Einstellung statt?

✔ Stattet der Arbeitskräfteverleiher seine Mitarbeiter kostenlos mit persönlicher Schutzausrüstung (z.B. Sicherheitsschuhe, Handschuhe, Helm), mit eventuell erforderlicher Zusatzausrüstung (wie z.B. Schweißbrille und -schürze) und vielleicht sogar mit Arbeitskleidung (Arbeitshose und -jacke oder Arbeitsoverall) aus?

✔ Wie steht man grundsätzlich zu einer möglichen Übernahme der Mitarbeiter durch einen Kunden aus einem Überlassungsverhältnis heraus?

✔ Hängen in den Geschäftsräumen ausreichende Informationen aus (z.B. Arbeitsgesetze, Merkblatt des Landesarbeitsamtes, Informationen der Berufsgenossenschaft etc.)?

✔ Werden Fahrtkosten und sonstige Spesen durch den Arbeitgeber übernommen, falls die Arbeitnehmer nicht ortsnah eingesetzt werden?

✔ Ist man bereit, den Mitarbeitern nach beendeter Tätigkeit ein qualifiziertes Arbeitszeugnis (nach mind. 6 Monaten Tätigkeit der Regelfall) oder eine Tätigkeitsbescheinigung (bei weniger als 6 Monaten Betriebszugehörigkeit) auszustellen?

✔ Finden in regelmäßigen Abständen (z.B. jährlich) Lohn- und Gehaltsgespräche statt?

✔ Werden etwaige Überstunden, Feiertagsarbeit, Schichtarbeit etc. mit Zuschlägen bezahlt?

✔ Händigt man allen Mitarbeitern bei der Einstellung zum Arbeitsvertrag das schriftliche »Merkblatt für Leiharbeitnehmer« der Bundesanstalt für Arbeit aus (vgl. Kap. 12.1)?

7 Wie arbeitet ein Zeitarbeitsunternehmen (Verleiher)?

In diesem Kapitel wird auf die grundsätzliche Arbeitsweise von Zeitarbeitsunternehmen eingegangen. Bestimmte Vorgehensweisen sind, schon auf Grund gesetzlicher oder sonstiger Bestimmungen, vorgegeben, andere richten sich nach der Organisation, den Vorstellungen und Grundsätzen sowie der Kreativität und der (hoffentlich guten) Betreuungsarbeit des einzelnen Verleihers in Richtung der Kunden und Mitarbeiter.

Wie genau funktioniert nun die Zeitarbeit und wie schaffen es die Zeitarbeitsunternehmen, ihre Disposition und Kalkulation den Erfordernissen des Marktes anzupassen?

7.1 Dreiecksbeziehung zu Kunden und Mitarbeitern

Wenn man die Arbeitnehmerüberlassung mit anderen Formen der Arbeit vergleicht, ist hier natürlich die Besonderheit einer so genannten »Dreiecksbeziehung« auffällig. Das Zeitarbeitsunternehmen besitzt eine vertragliche Bindung in zwei Richtungen, nämlich zu seinen Kunden und zu seinen Mitarbeitern.

Dreiecksbeziehung zu Kunden und Mitarbeitern

Während die Vertragsbindung (und -konditionen) eines Mitarbeiters unter Umständen während der ganzen Zeitdauer des Arbeitsverhältnisses unverändert ist, es sei denn, es werden Zusatzvereinbarungen geschlossen, erhält der Zeitarbeitskunde für jeden einzelnen Überlassungfall (d.h. für jeden einzelnen bei ihm eingesetzten Mitarbeiter) einen gesonderten Vertrag, der sich »Arbeitnehmerüberlassungsvertrag« nennt (vgl. Kap. 7.2 und 8.2). Dies ist erforderlich, weil die Konditionen für jede einzelne Überlassung unterschiedlich sein können. Ferner müssen z.B. zwingend die Personalien des jeweiligen Mitarbeiters angegeben werden.

Im Unterschied zum Zeitarbeitnehmer erhält der Zeitarbeitskunde für jeden einzelnen Überlassungsfall einen gesonderten Arbeitnehmerüberlassungsvertrag

In Richtung des Mitarbeiters wird somit der einzelne Einsatz nicht über den Arbeitsvertrag, sondern über einsatzbezogene Formulare (z.B. Einsatzbegleitschein, Auftrag o.Ä.) dokumentiert.

Die hier beschriebene Dreiecksbeziehung ist dafür verantwortlich, dass das Zeitarbeitsunternehmen ständig in einer gewissen Mittlerfunktion steht, obwohl Vermittlung für die Zeitarbeit ein zwar häufig benutztes, aber dennoch falsches Wort ist. Anders als in der Personalvermittlung oder Arbeitsvermittlung (vgl. Teil B) wird hier schließlich kein Arbeitnehmer vermittelt, sondern beschäftigt und »überbetrieblich« eingesetzt.

Das Zeitarbeitsunternehmen muss für Mitarbeiter und Kunden jederzeit ein offenes Ohr haben, um die Bedürfnisse und Vorstellungen der Betroffenen unter einen Hut zu bekommen, ohne die eigenen Ziele hierbei aus den Augen zu verlieren.

Obwohl die Zeitarbeitsunternehmen mitunter Spezialisten für einzelne Aufgaben (z.B. Lohnabrechnung, Neukundengewinnung u.Ä.) beschäftigen, ist der »Bilderbuch-Disponent« somit ein Personalfachmann, der zudem gute verkäuferische und betreuerische Fähigkeiten hat. Wenn ihm ferner das nötige Einfühlungsvermögen nicht abhanden gekommen ist, sollte er in der Lage sein, einen Personenkreis von 20 bis 40 Mitarbeitern zu betreuen, ohne dass er überfordert ist. Hierbei spielt die übrige Struktur des betreffenden Zeitarbeitsunternehmens (z.B. Geschäftsführung, Niederlassungsleitung, Personalsachbearbeitung) und die daraus resultierende Aufgabenverteilung natürlich ebenfalls eine wichtige Rolle.

Ein Personalfachmann betreut 20 bis 40 Mitarbeiter

Wie arbeitet ein Zeitarbeitsunternehmen (Verleiher)?

Die öffentlichen Stellen (z. B. Berufsgenossenschaft und Landesarbeitsämter) sehen es natürlich als Vorteil, wenn die zu betreuende Personenzahl pro internen Mitarbeiter nicht zu hoch ist, da andernfalls die individuelle Betreuung der Zeitarbeitnehmer zu kurz kommen könnte.

Wenn es gelingt, auf die Kundenwünsche und -anforderungen schnell zu reagieren sowie die Eignung und Neigung der beschäftigten Mitarbeiter optimal zu berücksichtigen und für deren ständige Motivation zu sorgen, lassen sich die besonderen Anforderungen einer gewissen »Abhängigkeit« in zwei Richtungen gut bewältigen.

7.2 Vertragsverhältnis zum Kundenunternehmen: Arbeitnehmerüberlassungsvertrag (AÜV)

Der Arbeitnehmerüberlassungsvertrag (AÜV) regelt das Verhältnis zum Kundenunternehmen

Das Vertragsverhältnis zum Kunden besteht hauptsächlich aus dem bereits erwähnten Arbeitnehmerüberlassungsvertrag (AÜV; vgl. Kap. 8.2). Dieser Vertrag ist gemäß Arbeitnehmerüberlassungsgesetz schriftlich abzuschließen und sowohl vom Entleiher als auch vom Verleiher zu unterzeichnen. In ihm sind sämtliche Fakten festzuhalten, die für den Einsatz des Leiharbeitnehmers beim Kunden von wesentlicher Bedeutung sind.

Daten und Fakten, die im Arbeitnehmerüberlassungsvertrag festzuhalten und zu regeln sind

Dies sind u. a.:

- Name, Anschrift und Erlaubnisdaten des Verleihers
- Name und Anschrift des Entleihers
- Name und Sozialversicherungsnummer des Zeitarbeitnehmers
- Einsatzzweck (Tätigkeit, Qualifikation)
- voraussichtliche Einsatzdauer (zumindest aber der Einsatzbeginn, falls das Ende noch nicht absehbar ist)
- Stundenverrechnungssatz
- sonstige Vereinbarungen (z. B. Höhe der Zuschläge für Schichtarbeit, Überstunden etc.)
- arbeitssicherheitstechnische Aspekte (z. B. wer stellt welche Schutzausrüstung?)

Vertragsverhältnis zum Kundenunternehmen

Der Kunde erhält zudem mit jedem neuen Arbeitnehmerüberlassungvertrag Kontrollmeldungen zum einzelnen Überlassungsfall, die von ihm unterzeichnet an die zuständige Krankenkasse und das betreffende Landesarbeitsamt geschickt werden müssen. Da die Zeitarbeitsunternehmen diese Vordrucke zumeist als Durchschreibesätze gestalten, hält sich der Aufwand hierbei jedoch in Grenzen.

Als weitere Anlage zum AÜV erhält der Kunde im Regelfall die Allgemeinen Geschäftsbedingungen (AGB) des Verleihers, die er mit seiner Unterschrift unter den Arbeitnehmerüberlassungsvertrag ebenfalls anerkennt. Ergänzungen bzw. Änderungen zum AÜV (z.B. Festlegung eines neuen Stundenverrechnungssatzes) sind, ebenso wie sonstige Absprachen, schriftlich festzuhalten.

7.3 Vertragsverhältnis zum Leiharbeitnehmer: Arbeitsvertrag

UM ES NOCH EINMAL DEUTLICH ZU SAGEN: ES GIBT KEINE DIREKTE VERTRAGLICHE VEREINBARUNG ZWISCHEN DEM LEIHARBEITNEHMER UND DEM ENTLEIHER.

Das heißt, jeder der Genannten ist nur an den Verleiher schriftlich gebunden, da dieser letztlich als mittlere Säule dieser Dreiecksbeziehung fungiert.

Kundenfirma und Zeitarbeitnehmer sind nicht untereinander, sondern lediglich an den Verleiher vertraglich gebunden

Das Arbeitnehmerüberlassungsgesetz sieht auch für den Vertrag (die Urkunde) zwischen Verleiher und Leiharbeitnehmer zwingend die Schriftform vor. Hiervon erhält der Arbeitnehmer eine Ausfertigung (meist das Original und der Verleiher behält die Kopie). Unbedingt erforderliche Inhalte des Arbeitsvertrages sind:

- die persönlichen Daten des Arbeitnehmers (Vor- und Nachname, Wohnort und Straße, Ort und Tag der Geburt)
- Name, Anschrift und Erlaubnisdaten des Verleihers
- Tätigkeitsbezeichnung
- Beginn und Dauer des Arbeitsverhältnisses

Unbedingt erforderliche Bestandteile des Arbeitsvertrages

Wie arbeitet ein Zeitarbeitsunternehmen (Verleiher)?

- ausgehandelte Vergütung (meist Stundenlohn, seltener Monatsgehalt) – eine Teilung in Grundvergütung und anwesenheits- und/oder leistungsbezogene Teile sollte nicht vorgenommen werden – und Zahlungsweise (meist monatlich)
- Arbeitszeit
- Probezeitregelung
- Kündigungsfristen
- Regelung der Entgeltfortzahlung (z. B. im Krankheitsfall oder bei Nichteinsatz)
- Urlaubsanspruch
- sonstige Leistungen (z. B. freiwillige soziale Leistungen wie Weihnachtsgeld u. Ä.)
- Ort und Datum des Vertragsabschlusses

Um späteren Missverständnissen vorzubeugen, sollten alle Details des Vertrages vor der Unterschrift besprochen werden. Auch hier sind spätere Ergänzungen und Änderungen in der Schriftform zu vereinbaren, beispielsweise in Form einer Zusatzvereinbarung zum Arbeitsvertrag.

Das Kapitel 8.1 zeigt einen beispielhaften Musterarbeitsvertrag.

7.4 Disposition, Kundenbetreuung und Mitarbeiterbeschaffung

Ohne einen qualifizierten und motivierten Personalstamm und einen möglichst großen Kundenkreis kann kein Zeitarbeitsunternehmen langfristig überleben. Insofern müssen die internen Mitarbeiter (wie z. B. die Niederlassungsleiter und Disponenten) ständig verschiedene Aktivitäten parallel entwickeln, um sich erfolgreich behaupten zu können.

Neben der Pflege des bestehenden Kundenstammes und dem Aufbau neuer Kundenbeziehungen muss das eigene Personal gut betreut und müssen neue Mitarbeiter entsprechend den kunden- und arbeitsplatzspezifischen Anforderungen rekrutiert werden. Das eigentliche Erfolgsrezept liegt dann noch

Disposition, Kundenbetreuung u. Mitarbeiterbeschaffung

in einer möglichst effektiven Disposition. Ausfallzeiten der Mitarbeiter müssen aus Kostengründen so gering wie möglich gehalten werden und trotzdem muss stets der richtige Mitarbeiter am richtigen Arbeitsplatz sein, um den Mitarbeiter nicht zu demoralisieren, den Kunden zufrieden zu stellen und zu neuen Bestellungen zu animieren.

Die Fluktuation bei Zeitarbeitsunternehmen ist im Regelfall höher als beispielsweise im produzierenden Gewerbe. Die Ursachen hierfür sind vielschichtig. Zu den »normalen« Gründen, die andere Unternehmen auch kennen, kommen in der Zeitarbeit weitere, wie z. B. die Abwerbung der Mitarbeiter durch den Kundenbetrieb.

Am Anfang eines Überlassungsfalles steht immer der Auftrag des Kunden, der möglichst exakt erfasst werden muss. Dies ist wichtig, damit ein geeigneter Mitarbeiter (oder Bewerber, falls kein »passender« Kollege frei ist) ausgewählt, auf den Einsatz vorbereitet und ausgestattet (z. B. mit Schutzkleidung) werden kann.

Damit ein geeigneter Mitarbeiter gefunden werden kann, muss der Auftrag eines Kundenunternehmens möglichst genau erfasst werden

Im Idealfall sieht sich der zuständige »Personalentscheidungsträger« (PET) des Zeitarbeitsunternehmens den betreffenden Arbeitsplatz beim Kunden an, um diese Schritte dann optimal erledigen zu können.

Schon während des laufenden Auftrages muss der PET dann den weiteren Weg des Leiharbeitnehmers (nach der Beendigung dieses Auftrages) im Blick haben. Dies ist unter Umständen schwierig, da die Zeitdauer vieler Überlassungsfälle nicht von vornherein feststeht. Trotzdem muss zum richtigen Zeitpunkt ein Folgeauftrag her.

Der »Personalentscheidungsträger« (PET) des Zeitarbeitsunternehmens muss den Einsatz eines Mitarbeiters langfristig disponieren, damit keine Ausfallzeiten entstehen

Also werden bereits bestehende Kunden oder potenzielle Kunden angesprochen. Die Akquisition der Kunden erfolgt fast ausschließlich durch die Direktansprache. Das heißt, es werden Werbeschreiben verschickt, Telefonate geführt und Termine vereinbart und wahrgenommen.

Nur ein ausgewogenes Verhältnis zwischen Kunden- und Mitarbeiterstamm führt zu einer erfolgreichen Geschäftstätigkeit. Dass dabei alle relevanten Rechtsvorschriften und sonstigen Bestimmungen eingehalten werden müssen, ist selbstverständlich.

7.5 Kalkulation

Wenn Zeitarbeitnehmer erfahren, wie viel der Verleiher pro Stunde vom Entleiher für die Erbringung ihrer Arbeitsleistung kassiert, ist dies auf den ersten Blick für sie nicht ohne weiteres verständlich.

Fragen wie: »Ich verdiene gerade einmal 15,– DM pro Stunde und das Zeitarbeitsunternehmen bekommt 33,– DM, das ist ungerecht, wo bleibt denn der Rest?« tauchen nicht selten auf.

Dass ein Handwerksmeister, z. B. in einer Kfz-Werkstatt, mitunter 80,– DM und mehr pro Arbeitsstunde der Mitarbeiter berechnet, wird hierbei nur allzu gern vergessen. Sicher hinkt dieser Vergleich insofern, als die Kalkulation im Handwerksbereich, beispielsweise auf Grund der eingesetzten Arbeitsmittel eine andere ist. Hiermit soll aber trotzdem verdeutlicht werden, dass die Verdienstspanne in der Zeitarbeit im Normalfall eher gering ist.

Zu den als Beispiel genannten 15,– DM Stundenlohn des Zeitarbeitnehmers kommen natürlich noch alle Lohnnebenkosten. Dazu gehören die Arbeitgeberanteile zur Sozialversicherung, die anteiligen Kosten für die Lohnfortzahlung im Krankheitsfall und für Zeiten der Nichtbeschäftigung. Ferner addieren sich hierzu die Urlaubsgewährung, bezahlte Feiertage und die freiwilligen Sozialleistungen, wie z. B. Weihnachtsgeld, Urlaubsgeld und vermögenswirksame Leistungen. Abgaben an die Berufsgenossenschaft, die Schwerbehindertenabgabe, etwaige Mutterschutzleistungen und die Stellung der Arbeitskleidung sind ebenso zu berücksichtigen.

In Summe aller Dinge kommen hierbei schnell (je nach Höhe der freiwilligen Sozialleistungen) zusätzlich 50 bis 60 % des Grundstundenlohnes zu Stande. Damit kostet die Arbeitsstunde unseres Beispielmitarbeiters nicht mehr 15,– DM, sondern bereits 22,50 DM bis 24,– DM.

Nun müssen aber noch die Betriebs- und Verwaltungskosten des Zeitarbeitsunternehmens gedeckt werden. Hierzu gehören die Raumkosten (z. B. Büromiete und Strom), die Gehälter der internen Mitarbeiter, Werbekosten (für Stelleninserate und sonstige Werbung), Kfz-Kosten, Telefongebühren,

KALKULATION

Versicherungsprämien, Umlage zur Büro- und technischen Ausstattung und ähnliche Dinge.

Ein solides Unternehmen muss zudem Rücklagen bilden, um auch umsatzschwächeren Zeiten gelassen entgegensehen zu können. Und letztlich soll natürlich ein Unternehmerlohn, d.h. Gewinn, übrig bleiben.

Deshalb bewegt sich die durchschnittliche Kalkulation eines Zeitarbeitsunternehmens im Bereich von 100 bis 125 % Aufschlag auf den Brutto-Stundenlohn des Mitarbeiters.

Hier ein paar Beispiele, wobei sowohl der Stundenlohn des Mitarbeiters als auch der Stundensatz, den der Zeitarbeitskunde bezahlt, natürlich von regionalen Gegebenheiten abhängig sind:

- *Produktionshelfer: Stundenlohn 11,50 DM*
  = 23,- bis 25,90 DM Stundensatz für den Kunden
- *Gabelstaplerfahrer: Stundenlohn 13,- DM*
  = 26,- bis 29,25 DM Stundensatz für den Kunden
- *Schlosser mit Facharbeiterbrief: Stundenlohn 17,- DM*
  = 34,- bis 38,25 DM Stundensatz für den Kunden
- *Chefsekretärin mit Fremdsprachen: Stundenlohn 18,50 DM*
  = 39,- bis 41,60 DM Stundensatz für den Kunden

Es ist natürlich nicht nur legitim, sondern sogar absolut empfehlenswert, dass sich sowohl der potenzielle Mitarbeiter eines Zeitarbeitsunternehmens als auch ein Unternehmen, das Zeitarbeitskräfte einsetzen will, vorher genau über die marktüblichen Konditionen informiert.

Dem Zeitarbeitskunden ist aber dringend davon abzuraten, den Preis als einziges Entscheidungskriterium zu Rate zu ziehen. Ein verdächtig niedriger Preis (so werden auch heute noch vereinzelt Mitarbeiter ohne Facharbeiterabschluss unter 20,- DM und Facharbeiter mit Gesellenprüfung unter 30,- DM Stunde angeboten) spricht im Regelfall für eine schlechte Bezahlung der Mitarbeiter, für unzureichende Sozialleistungen und damit letztlich auch für eine fehlende Qualifikation und Motivation der Mitarbeiter.

Die in diesem Buch bereits zuvor abgehandelten Entscheidungskriterien (vgl. Kap. 5.3) sollten zusammen mit dem angebotenen Stundenlohn (für den Zeitarbeitsbewerber) oder

Für Kundenunternehmen können zu niedrige Stundenverrechnungssätze ein Indiz für schlechte Bezahlung und damit für mangelnde Qualifikation oder Motivation von Zeitarbeitskräften sein

WIE ARBEITET EIN ZEITARBEITSUNTERNEHMEN (VERLEIHER)?

dem angebotenen Stundenverrechnungssatz (für den Entleiher) eine Einheit bilden, um eine richtige Entscheidung zu treffen.

Eines ist sicher: Die Anzahl der Zeitarbeitsunternehmen ist bereits groß und steigt permanent weiter. Auch deshalb sollte jemand, der sich für die Zeitarbeit interessiert (aus welcher Sicht auch immer) die Zeit nehmen, die vorliegenden Angebote genau zu vergleichen.

Viele Zeitarbeitskunden, die häufiger Bedarf an temporären Mitarbeitern haben, splitten deshalb ihre Aufträge auf mehrere Unternehmen, um die Leistungsfähigkeit mehrerer Anbieter zu testen und sich zumindest ein zweites (wenn nicht noch weitere) Standbeine zu schaffen, falls der Stammlieferant einmal nicht reagieren kann.

8 Musterverträge

Musterverträge zu: Arbeitsvertrag, Arbeitnehmerüberlassungsvertrag, Arbeitsschutzvereinbarung

Da es, wie bereits ausgeführt, keine direkte vertragliche Bindung zwischen dem Leiharbeitnehmer und dem Entleiher gibt, sind die wesentlichen Verträge im Zeitarbeitsgeschäft der Vertrag zwischen dem Leiharbeitnehmer und dem Zeitarbeitsunternehmen (Arbeitsvertrag) und der Arbeitnehmerüberlassungsvertrag, der zwischen dem Verleiher und dem Entleiher abgeschlossen wird.

Eine weitere wesentliche Grundlage eines jeden Überlassungsfalles ist zudem die Arbeitsschutzvereinbarung, die ebenfalls die Absprachen zwischen dem Verleiher und den Entleiher angeht.

Bezüglich der Formulierungen gibt es keine verbindliche Form

Im folgenden Abschnitt sind Musterverträge zu diesen drei Verträgen abgedruckt. Bezüglich der Formulierungen gibt es hier keine verbindliche Form, die unbedingt einzuhalten ist. Trotzdem sollten alle wesentlichen inhaltlichen Elemente der hier vorgestellten Muster in den betreffenden Verträgen Berücksichtigung finden. Grundsätzlich gilt, dass es für alle Beteiligten nur von Vorteil sein kann, wenn sämtliche Eventualitäten bereits beim Vertragsabschluss berücksichtigt wurden.

MUSTERVERTRÄGE

Die Konditionen im Arbeitsvertrag und Arbeitnehmerüberlassungsvertrag sind natürlich frei verhandelbar und richten sich weitestgehend nach Angebot und Nachfrage am Ort des Vertragsabschlusses.

8.1 Arbeitsvertrag

Im Arbeitsrecht haben grundsätzlich auch mündliche Verträge Gültigkeit.

Das heißt im Klartext, dass die Vertragsparteien auch Ansprüche aus mündlichen Verträgen einfordern und einklagen können, wenn es zu Streitigkeiten kommt. Die Beweisbarkeit einzelner Absprachen ist in einem solchen Fall meist aber sehr problematisch. Das Arbeitnehmerüberlassungsgesetz (AÜG) fordert auch aus diesem Grund zwingend die schriftliche Form des Arbeitsvertrages, der so genannten Urkunde zum Arbeitsverhältnis. Dieser Vertrag muss vor Beginn der Tätigkeit ausgefertigt und von beiden Parteien unterschrieben werden.

Änderungen zu einem solchen Vertrag (z. B. Veränderung des Stundenlohnes, der Arbeitszeit oder des Urlaubsanspruches) werden im Normalfall ebenfalls schriftlich, als Zusatzvereinbarung zum Arbeits- oder Anstellungsvertrag, fixiert.

ARBEITSVERTRAG

zur Personalnummer:

zwischen

Frau/Herrn:
Geburtsdatum:
Geburtsort/-land:
Staatsangehörigkeit:
Straße und Hausnummer:
Postleitzahl und Wohnort:

– ALS ARBEITNEHMER –
(nachfolgend Mitarbeiter genannt)

und der

Firma:

Straße und Hausnummer:

Postleitzahl und Ort:

– als Arbeitgeber –

(nachfolgend Arbeitgeber genannt)

1. Gegenstand

Der Arbeitgeber besitzt eine gültige Erlaubnis zur Arbeitnehmerüberlassung (nach § 1 AÜG) des Landesarbeitsamtes ... , erteilt mit Datum vom ...

Der Mitarbeiter wird als Arbeitnehmer im Rahmen der Arbeitnehmerüberlassung für den Arbeitgeber tätig. Er wird bei verschiedenen Kunden (Entleihern) eingesetzt und erklärt ausdrücklich sein Einverständnis für eine Tätigkeit mit wechselnden Einsatzorten.

Die Tätigkeitsbezeichnung lautet: ... (Angabe der exakten Tätigkeitsbezeichnung)

2. Dauer des Vertrages

Das Arbeitsverhältnis beginnt am ...

Der Vertrag gilt unbefristet (oder befristet bis zum ...).

Liegt keine Befristung vor, endet das Arbeitsverhältnis in jedem Fall mit der Vollendung des 65. Lebensjahres des Mitarbeiters, ohne dass es einer Kündigung bedarf.

Eine Probezeit von ... Wochen oder ... Monaten (max. 6 Monate) ist vereinbart.

3. Arbeitszeit

Es ist eine regelmäßige wöchentliche Arbeitszeit von ... Stunden vereinbart.

Wenn es erforderlich ist, leistet der Mitarbeiter Überstunden im Rahmen der gesetzlichen Bestimmungen ab.

4. Vergütung

Die Vergütung beträgt ... DM brutto pro Arbeitsstunde.

Arbeitsvertrag

Der Mitarbeiter erhält Zuschläge für geleistete Mehr- und Schichtarbeit in Höhe von ... (Staffel der Zuschläge, meist in Prozent).

Die Abrechnung der Vergütung erfolgt monatlich (in seltenen Fällen wöchentlich), jeweils zum ... des Monats (oder Folgemonats). Die Sozialversicherungsbeiträge und Steuern werden entsprechend den geltenden gesetzlichen Regelungen abgezogen und abgeführt.

Für die Gewährleistung einer korrekten Abrechnung ist es wichtig, dass der Mitarbeiter die von ihm und vom Kunden unterschriebenen Wochen-Arbeitsnachweise zeitnah einreicht.

Abschlagszahlungen sind möglich.

5. Kündigung

Während der unter Punkt 2. vereinbarten Probezeit gilt beiderseits eine Kündigungsfrist von zwei Wochen zu jedem Kalendertag. Danach kann der Vertrag von beiden Seiten mit einer Frist von vier Wochen, jeweils zum 15. eines Monats oder zum Monatsletzten, gekündigt werden.

Die Kündigungsfrist bei einer arbeitgeberseitigen Kündigung verlängert sich gemäß der jeweils gültigen gesetzlichen Regelung. Bei der Berechnung der Beschäftigungsdauer sind demnach Zeiten, die der Mitarbeiter vor der Vollendung des 25. Lebensjahres geleistet hat, nicht zu berücksichtigen.

Der Arbeitgeber hat das Recht zur außerordentlichen, d.h. nicht fristgebundenen Kündigung, falls der Mitarbeiter durch sein schuldhaftes Verhalten dazu Anlass gibt.

6. Verhängung einer Vertragsstrafe

Wenn der Arbeitgeber das Arbeitsverhältnis aus einem vom Mitarbeiter zu vertretenden wichtigen Grund fristlos kündigt, wird eine Vertragsstrafe von maximal ... Brutto-Tagesarbeitsverdiensten (im Normalfall max. 5 an der Zahl) einbehalten. Das Gleiche gilt, wenn der Mitarbeiter das Arbeitsverhältnis kündigt, ohne die vereinbarte Kündigungsfrist einzuhalten.

(Anmerkung: Diese Regelung mutet vielleicht etwas eigentümlich an und ist in vielen anderen Branchen nicht üblich, erklärt sich aber aus der besonderen Situation eines Zeitarbeitsunternehmens, das unter Umständen durch das

Fehlverhalten eines Arbeitnehmers nicht nur einen Auftrag, sondern evtl. einen guten Kunden verliert. Ein faires Zeitarbeitsunternehmen wird sich den Sachverhalt – und damit auch den Standpunkt des Mitarbeiters – aber immer genau ansehen, bevor es eine Vertragsstrafe verhängt.)

7. Entgeltfortzahlung

Erkrankt der Mitarbeiter und ist deshalb arbeitsunfähig, leistet der Arbeitgeber die Entgeltfortzahlung bis zu 6 Wochen nach Maßgabe des Entgeltfortzahlungsgesetzes.

Wenn der Mitarbeiter vorübergehend nicht eingesetzt werden kann, wird das unter Punkt 4. vereinbarte Entgelt trotzdem weitergezahlt. Allerdings muss der Mitarbeiter in einem solchen Fall zu den vereinbarten Zeiten seiner Meldepflicht nachkommen, damit etwaige Einsätze abgestimmt werden können.

8. Urlaub

Der Urlaubsanspruch des Mitarbeiters beträgt ... Arbeits- (oder Werktage) pro Kalenderjahr. Für jeden vollen Beschäftigungsmonat wird 1/12 des ihm zustehenden Jahresurlaubes gewährt. Wenn der Mitarbeiter innerhalb des ersten Beschäftigungsmonates ausscheidet, hat er keinen Anspruch auf Urlaub.

Das Bundesurlaubsgesetz gilt in vollem Umfang.

9. Weitere Sozialleistungen

Hierunter fallen ggf. Weihnachtsgeld, Urlaubsgeld und ein Zuschuss des Arbeitgebers zu den vermögenswirksamen Leistungen (VwL). Ein Rechtsanspruch hierauf besteht nicht. Allerdings gewährt mittlerweile die Mehrzahl der Unternehmen einen Teil dieser Leistungen. Auch hier ist mitunter das Verhandlungsgeschick des Mitarbeiters gefragt, wenn der Arbeitgeber hierzu keine unternehmenseinheitliche Vorgehensweise festgeschrieben hat.

10. Wahrung der Interessen

Der Mitarbeiter ist berechtigt, einen Einsatz bei einem Kunden, der von einem Arbeitskampf betroffen ist, abzulehnen.

Während der Beschäftigung beim Arbeitgeber hat der Mitarbeiter die Interessen des Unternehmens zu wahren und seine Aufgaben gewissenhaft zu erfüllen. Er hat eine

Arbeitsverträge

Geheimhaltungspflicht über alle Geschäftsangelegenheiten des Arbeitgebers und der Kundenunternehmen einzuhalten.

11. Meldepflicht bei Arbeitsverhinderung

Bei jeglicher Form der Arbeitsverhinderung ist der Mitarbeiter verpflichtet, den Arbeitgeber am 1. Tag der Arbeitsverhinderung spätestens um ... Uhr zu informieren. Auf Grund der Verantwortung des Arbeitgebers gegenüber den Kundenunternehmen hat die unbedingte Einhaltung dieser Meldepflicht eine besondere Bedeutung. Sollte diese Meldung ausbleiben, hat der Mitarbeiter unter Umständen keinen Anspruch auf die Vergütung dieser Ausfallzeit.

Sollte eine Erkrankung Grund für den Arbeitsausfall sein, hat der Mitarbeiter in diesem Zusammenhang auch die voraussichtliche Dauer seiner Arbeitsunfähigkeit mitzuteilen. Die krankheitsbedingte Arbeitsunfähigkeit muss von Beginn an durch eine ärztliche Bescheinigung belegt werden. Diese muss spätestens am dritten Tag der Arbeitsunfähigkeit vorliegen.

12. Arbeitsschutz/Verhütung von Unfällen

Der Mitarbeiter ist verpflichtet, alle Maßnahmen zu unterstützen, die der Arbeitssicherheit dienen. Die allgemeinen Unfallverhütungsvorschriften, die in den Büroräumen des Arbeitgebers aushängen (so sollte es sein), sind zu befolgen. Ebenso erhält der Mitarbeiter Weisungen zum Zwecke der Unfallverhütung, die zu befolgen sind. Der Kundenbetrieb unterrichtet den Mitarbeiter ebenfalls in qualifizierter und geeigneter Form. Eventuell vorhandene Betriebsvereinbarungen oder -anweisungen erhält der Mitarbeiter zur Kenntnisnahme. Sollte dies einmal nicht erfolgen, hat der Mitarbeiter den Arbeitgeber hierüber sofort zu informieren, damit Abhilfe geschaffen werden kann.

13. Merkblatt der Bundesanstalt für Arbeit

Auskunft gemäß Bundesdatenschutzgesetz

Mit seiner Unterschrift unter diesen Vertrag bestätigt der Mitarbeiter neben dem Erhalt eines vom Arbeitgeber unterschriebenen Exemplars dieses Vertrages auch den Erhalt des Merkblattes der Bundesanstalt für Arbeit zum Arbeitnehmerüberlassungsgesetz (vgl. Kap. 12.1) – und zwar, sofern der Mitarbeiter Ausländer ist – in seiner Muttersprache.

MUSTERVERTRÄGE

14. Sonstige Vereinbarungen

...

Ort, den _____

_____
UNTERSCHRIFT DES MITARBEITERS

_____
UNTERSCHRIFT DES ARBEITGEBERS

8.2 Arbeitnehmerüberlassungsvertrag

Der nachfolgende Vertrag bildet die eigentliche Grundlage für die Geschäftsverbindung zwischen dem Verleiher und dem Entleiher. Er gilt jeweils für den einzelnen Überlassungsfall. Das heißt, für jeden eingesetzten Mitarbeiter muss ein separater Vertrag erstellt und von beiden Parteien unterschrieben werden, wobei der Verleiher diesen Vertrag im Normalfall ausfertigt und an den Entleiher schickt.

In der Praxis ist es manchmal sehr schwierig, diesen Vertrag vor dem Zustandekommen eines Überlassungsfalles zu erstellen, insbesondere, wenn der Einsatz sehr kurzfristig erfolgen soll. Deshalb hat sich mittlerweile vielerorts die Regelung eingebürgert, dass der Vertrag spätestens eine Woche nach Einsatzbeginn von beiden Parteien unterzeichnet sein soll. Auch wenn dies verspätet geschieht, eine verbindliche Unterschrift beider Parteien ist unabdingbar, um etwaigen Problemen und Missverständnissen vorzugreifen.

In der Anlage zum AÜV erhält der Entleiher zudem oftmals die abzugebende Kontrollmeldung nach dem Sozialgesetzbuch und dem Arbeitnehmerüberlassungsgesetz. In dieser Kontrollmeldung werden dem zuständigen Landesarbeitsamt und der betreffenden Krankenkasse die wichtigsten Fakten

ARBEITNEHMERÜBERLASSUNGSVERTRAG

und zeitlichen Abläufe zum Überlassungsfall mitgeteilt, auch um eine Kontrollmöglichkeit für die genannten Institutionen zu gewährleisten (vgl. Kap. 12.3).

ARBEITNEHMERÜBERLASSUNGSVERTRAG

Sehr geehrte Damen und Herren,

wir danken für den erteilten Auftrag und stellen Ihnen auf Grund unserer Geschäftsbedingungen folgende/n Mitarbeiter/in für den angegebenen Zeitraum zur Verfügung.

Wenn das Ende noch nicht bekannt ist, ist der Vertrag auf unbestimmte Zeit, längstens jedoch für 12 Monate seit Beginn, abgeschlossen.

MITARBEITER ...

ALS ... (Tätigkeit)

FÜR DEN ZEITRAUM VON ... BIS ...

Gemäß § 11 (6) Arbeitnehmerüberlassungsgesetz unterliegt die Tätigkeit unseres Mitarbeiters den für Ihren Betrieb geltenden öffentlich-rechtlichen Vorschriften des Arbeitsschutzrechts; die hieraus sich ergebenden Pflichten für den Arbeitgeber obliegen dem Entleiher, unbeschadet der Pflichten des Verleihers.

(In manchen Verträgen fließt hier eine Arbeitsschutzvereinbarung mit ein, die im nächsten Unterkapitel gesondert behandelt wird. In einem solchen Fall muss die Arbeitsschutzvereinbarung nicht noch einmal separat abgeschlossen werden, sondern gilt hier als verbindlich, wenn beide Parteien unterzeichnet haben.)

Die Berechnung erfolgt gemäß nebenstehenden Rechnungsstellungsgrundlagen zuzüglich des gültigen Mehrwertsteuersatzes.

Die von Ihnen nach dem Gesetz abzugebenden Meldungen stellen wir Ihnen vorbereitet zur Verfügung.

Die Erlaubnis zum Abschluss von Arbeitnehmerüberlassungsverträgen gemäß Artikel 1 §1 AÜG wurde uns erteilt

AM ... (Datum der Ausstellung)

VOM ... (zuständiges Landesarbeitsamt)

Bitte senden Sie uns die Kopie dieses Vertrages unterschrieben zurück.

Rechnungsstellungsgrundlagen
(ggfs.) Auftrags-Nummer
(ggfs.) Personal-Nummer
(ggfs.) Kunden-Nummer
Basis-Honorar pro Stunde:
Zuschläge für Schichtarbeit pro Stunde:
Zuschläge für Überstunden pro Stunde:
Sonstige Zuschläge:

ANGABEN ZUM ENTLEIHER
Firma:
Ansprechpartner:
Straße:
PLZ und Ort:
Datum und Unterschrift: _____

ANGABEN ZUM VERLEIHER
Firma:
Ansprechpartner:
Straße:
PLZ und Ort:
Datum und Unterschrift: _____

8.3 Arbeitsschutzvereinbarung

Leiharbeitnehmer nehmen wechselnde Einsätze an unterschiedlichen Arbeitsplätzen wahr. Diese Situation erfordert ein besonderes Augenmerk im Hinblick auf die zu ergrei-

Arbeitsschutzvereinbarung

fenden Schutzmaßnahmen, da die ersten Tage an einem neuen Arbeitsplatz statistisch gesehen die gefährlichsten sind. Aus diesem Grund sind die Zeitarbeitsunternehmen bei der jeweils zuständigen Berufsgenossenschaft (meist ist es die Verwaltungs-Berufsgenossenschaft – VBG – mit Hauptsitz in Hamburg) zunächst einmal in die höheren Gefahrenklassen eingruppiert. Das bedeutet, der Beitragssatz zur Berufsgenossenschaft, den ausschließlich der Arbeitgeber (also der Verleiher) bezahlt, ist ausgesprochen hoch.

Zeitarbeitnehmer, die häufig den Arbeitsplatz wechseln, sind potenziell stärker gefährdet als andere Arbeitnehmer

Maßnahmen zum Schutz der Arbeitnehmer helfen somit dem einzelnen Arbeitnehmer selbst, aber auch der Zeitarbeitsfirma, die bei einer vorbildlichen Arbeitsweise im Hinblick auf die Arbeitssicherheit und einer daraus resultierenden Abnahme der Unfallhäufigkeit eine Beitragsreduzierung erreichen kann.

Es gibt einen ganzen Maßnahmenkatalog der Berufsgenossenschaft, der helfen soll, das Ziel der größtmöglichen Arbeitssicherheit für den einzelnen Arbeitnehmer zu erreichen. Ein Kriterium ist der Abschluss einer so genannten Arbeitsschutzvereinbarung zwischen dem Verleiher und dem Entleiher. Diese Vereinbarung regelt beispielsweise die Verpflichtung zur Gestellung der persönlichen Schutzausrüstung.

Ein Maßnahmenkatalog der Berufsgenossenschaft soll helfen, hohe Arbeitssicherheit zu erreichen

Einige Verleiher integrieren diese Absprache in jeden einzelnen Arbeitnehmerüberlassungsvertrag, andere schließen diese Vereinbarung zusätzlich ab. Der Inhalt sollte in etwa folgendermaßen aussehen, um den angestrebten Zweck auch zu erfüllen:

Arbeitsschutzvereinbarung

Die Tätigkeit eines Leiharbeitnehmers unterliegt den für den Betrieb des Entleihers geltenden öffentlich-rechtlichen Vorschriften des Arbeitsschutzrechtes. Die sich hieraus ergebenden Pflichten für den Arbeitgeber obliegen dem Entleiher, unbeschadet der Pflichten des Verleihers.

A. Persönliche Schutzausrüstung (PSA)

	Davon stellt der Verleiher	Davon stellt der Entleiher
1. _____	☐	☐
2. _____	☐	☐
3. _____	☐	☐
4. _____	☐	☐

(Anmerkung: Bei dieser Schutzausrüstung handelt es sich z. B. um Sicherheitsschuhe und Arbeitshandschuhe, je nach Erfordernis der betreffenden Tätigkeit.)

B. Arbeitsmedizinische Vorsorge

Für die Tätigkeit sind folgende Vorsorgeuntersuchungen erforderlich:

1. _____

2. _____

3. _____

Folgende Bescheinigungen liegen bereits vor:

Folgende Untersuchungen werden sofort veranlasst:

(Anmerkung: Für sehr viele Tätigkeiten sind Vorsorgeuntersuchungen vorgeschrieben, dies sind die so genannten »G-Untersuchungen«, die jeweils durch eine Ordnungszahl für die Tätigkeitsmerkmale gekennzeichnet sind. Der Verleiher hat eine Gesundheitskartei für jeden seiner Arbeitnehmer zu führen.)

C. Erste Hilfe

Der Entleiher stellt die Maßnahmen und Einrichtungen der ersten Hilfe.

D. Sicherheitseinweisung am Arbeitsort

Der Mitarbeiter wird vor der Aufnahme der Tätigkeit durch einen zuständigen Mitarbeiter des Entleihers in die möglichen Gefahren des Arbeitsortes eingewiesen.

ARBEITSSCHUTZVEREINBARUNG

E. Arbeitsunfall

Ein Arbeitsunfall ist vom Entleiher unverzüglich an den Verleiher zu melden. Ein meldepflichtiger Arbeitsunfall ist gemeinsam zu untersuchen.

ORT, DATUM

UNTERSCHRIFTEN DES VERLEIHERS UND ENTLEIHERS

9 WER DARF EIN ZEITARBEITSUNTERNEHMEN ERÖFFNEN UND BETREIBEN?

Die Erlaubnis zur Arbeitnehmerüberlassung ist schriftlich beim zuständigen Landesarbeitsamt (vgl. Anhang, Anschriften der LAÄ) zu beantragen. Sie wird zunächst nur befristet für ein Jahr gewährt. Nach drei Jahren unbeanstandeter Tätigkeit kann das Zeitarbeitsunternehmen dann eine unbefristete Erlaubnis beantragen.

Die Erlaubnis zur Arbeitnehmerüberlassung wird beim Landesarbeitsamt beantragt und ist zunächst auf ein Jahr befristet

Das zuständige LAA prüft zunächst, ob der Antragsteller die notwendige Zuverlässigkeit zur Ausübung einer Tätigkeit als Unternehmer in der Arbeitnehmerüberlassung besitzt. Interessant ist hierbei sowohl die persönliche Eignung der beantragenden Person(en) und der »internen« Mitarbeiter (zumindest derer, die direkte Personalverantwortung haben) als auch die Betriebsorganisation, die so gestaltet sein muss, dass die Geschäftstätigkeit zuverlässig ausgeübt werden kann und der Verleiher seinen Arbeitgeberpflichten nachkommt.

Eine bestimmte Gesellschaftsform ist nicht vorgeschrieben, d.h., es kann sich bei einem Zeitarbeitsunternehmen beispielsweise um eine Einzelfirma, eine Gesellschaft bürgerlichen Rechts (GbR) oder um eine GmbH handeln. Die Gewerbeanmeldung muss natürlich rechtzeitig erfolgen und die Betriebsnummer des Arbeitsamtes muss vorliegen.

Neben dem vollständig ausgefüllten Antragsformular hat der Antragsteller folgende Unterlagen beizubringen:

WER DARF EIN ZEITARBEITSUNTERNEHMEN BETREIBEN?

Unterlagen, die der Antragsteller beizubringen hat

a. Aktuelles Führungszeugnis der Belegart O (zur Vorlage bei Behörden)
b. Aktueller Auszug aus dem Gewerbezentralregister
c. Unbedenklichkeitsbescheinigung der Krankenkasse
d. Unbedenklichkeitsbescheinigung der Berufsgenossenschaft
e. Muster eines Arbeitsvertrages für Leiharbeitnehmer
f. Muster eines Arbeitnehmerüberlassungsvertrages

Ferner, wenn es sich um eine Gesellschaft handelt:

g. Gesellschaftsvertrag
h. Handelsregisterauszug über die erfolgte Eintragung (falls das Unternehmen eintragungspflichtig ist)

Geprüft wird ferner, ob der Unternehmer über die erforderlichen finanziellen Mittel für die Beschäftigung von Arbeitnehmern verfügt. Nachgewiesen werden müssen derzeit 4.000 DM je beschäftigten Leiharbeitnehmer, mindestens aber 20.000 DM als vorhandenes Kapital.

Natürlich ist die Erteilung einer Erlaubnis durch das Landesarbeitsamt nicht kostenlos. Derzeit beträgt der Gebührensatz (gemäß der »Verordnung über die Kosten der Erlaubnis zur gewerbsmäßigen Arbeitnehmerüberlassung« – AÜVKostV – vom 18.06.82) 750 DM für die Erteilung oder Verlängerung einer Erlaubnis und 2.500 DM für die Erteilung einer unbefristeten Erlaubnis (also frühestens nach drei Jahren).

Das sind die formellen Voraussetzungen, um eine Erlaubnis zur Arbeitnehmerüberlassung zu erhalten. Diese Erlaubnis kann demnach versagt werden, wenn der Antragsteller die genannten Bedingungen nicht erfüllt.

Aber auch nach dem Erhalt dieser Erlaubnis ist es möglich, dass das zuständige LAA den Geschäftsbetrieb durch die Rücknahme oder den Widerruf der Erlaubnis beendet. Hierfür müssen jedoch konkrete Gründe vorliegen.

Das Vorliegen einer Erlaubnis allein hat natürlich noch keinen erfolgreichen Geschäftsbetrieb zur Folge. Insofern sollte jeder Interessierte genau prüfen, ob er sich zum Unternehmer in Sachen Zeitarbeit auch wirklich »berufen« fühlt.

Wer darf ein Zeitarbeitsunternehmen betreiben?

Neben der Fähigkeit, Menschen (Bewerber) zu beurteilen und Mitarbeiter fair zu behandeln, qualifiziert zu führen und zu motivieren, ist natürlich eine ausgesprochene Verkaufsbegabung sehr hilfreich, wenn es um den Auf- und Ausbau des eigenen Kundenstammes geht. Kenntnisse des regionalen Marktes sind hier ebenso unabdingbar wie der eine oder andere Kontakt, der einen Einstieg ohne eine lange und kostspielige Anlaufphase ermöglicht.

Die gestiegene Anzahl der Verleihbetriebe hat zudem vielerorts zu einem ausgesprochenen Verdrängungswettbewerb geführt. Leider rückt der Preis immer mehr in den Vordergrund der Verkaufsverhandlungen, da viele Personalentscheider sehr kostenorientiert denken und arbeiten müssen. Dies hat in einigen Fällen zur Folge, dass der einzelne Mitarbeiter mitunter nicht in den Genuss einer leistungsgerechten Vergütung kommt. Einige Entleiher haben aber sehr wohl verstanden, dass es einen direkten Zusammenhang zwischen einem angemessenen (und damit auch nicht zu niedrigen) Preis und motiviertem und leistungsfähigem Personal gibt.

10 Grenzüberschreitende Zeitarbeit

Zeitarbeit gibt es in vielen europäischen Ländern, aber auch zwischen einigen europäischen Ländern. Das heißt, Mitarbeiter werden mitunter über Landesgrenzen hinaus ausgeliehen, um ihre Tätigkeit auszuüben.

Da hier das Territorialitätsprinzip gilt, greift beispielsweise das deutsche Arbeitnehmerüberlassungsgesetz für jede gewerbsmäßige Arbeitnehmerüberlassung in Deutschland. Wenn Verleiher, deren Geschäftssitz sich nicht in Deutschland befindet, eine Erlaubnis für eine Verleihtätigkeit in Deutschland benötigen, gibt es hier eine klare Zuständigkeit der deutschen Landesarbeitsämter (im Bedarfsfall zu erfragen bei der Hauptstelle der Bundesanstalt für Arbeit oder bei jedem Landesarbeitsamt, vgl. »Anschriften der LAÄ«). Eine solche Erlaubnis wird immer dann benötigt, wenn ausländische Zeitarbeitsunternehmen Mitarbeiter direkt an deutsche Kunden überlassen.

Bei grenzüberschreitender Arbeitnehmerüberlassung gilt das Territorialitätsprinzip

Ein Rechtsanspruch auf die Erteilung einer Erlaubnis nach dem AÜG existiert nicht für Unternehmen in Ländern ausserhalb der EU.

Der Entleiher sollte sich also auch und gerade in Fällen der Zusammenarbeit mit ausländischen Verleihern die für Deutschland gültige Erlaubnis zur Arbeitnehmerüberlassung vorlegen lassen.

Diese Situation wird aber im Normalfall nur dann eintreten, wenn die deutschen Zeitarbeitsunternehmen die gewünschten Mitarbeiter in Bezug auf die Qualität oder Quantität nicht liefern können. Berücksichtigt man nämlich noch die anfallenden Reisekosten und Spesen bzw. Auslösezahlungen, wird es in den seltensten Fällen einen Preisvorteil der ausländischen Anbieter geben.

11 Die staatliche Konkurrenz der Zeitarbeitsunternehmen

Auch wenn es beide Parteien nicht so gerne zugeben: Die Arbeitsämter der Bundesanstalt für Arbeit sind letztlich in gewisser Weise die Konkurrenten der Zeitarbeitsunternehmen. Dies gilt sowohl für die regulären Vermittlungsstellen, aufgeteilt nach Berufsgruppen, in den einzelnen Arbeitsämtern als auch für die besonderen Vermittlungseinrichtungen, die in den beiden folgenden Unterkapiteln behandelt werden.

Natürlich ist die Ausrichtung der Zeitarbeitsfirmen grundsätzlich eine gänzlich andere als die der Vermittlungseinrichtungen der Arbeitsämter. Dies beginnt bereits bei der Unterscheidung zwischen einer staatlichen, gemeinnützigen Organisation auf der einen und einem wettbewerbs- und erfolgsorientierten Unternehmen auf der anderen Seite.

Trotzdem gibt es zumindest eine große Gemeinsamkeit: Beide sind sowohl Anlaufstelle für Arbeit Suchende der unterschiedlichsten Qualifikationen, die einen geeigneten Arbeitsplatz suchen, als auch für Arbeitgeber, die offene Stellen in den verschiedensten Bereichen zu besetzen haben. Schon auf Grund dieser Tatsache kann man von einer gewissen

Die staatliche Konkurrenz der Zeitarbeitsunternehmen

Rivalität reden, die letztlich aber sowohl dem Arbeitnehmer als auch dem Arbeitgeber Vorteile bringen, weil es nie falsch sein kann, mehrere Anlaufstellen und Ansatzmöglichkeiten zu haben.

Wenn man bei diesem Tenor des bedingten Wettbewerbs zwischen diesen Institutionen und Unternehmen bleibt, ist es auch als besondere Situation anzusehen, dass der eine Konkurrent (die Bundesanstalt für Arbeit) der Erlaubnisgeber für den anderen Konkurrenten (die Zeitarbeitsunternehmen, aber auch für die privaten Stellenvermittler, vgl. Teil B) ist.

11.1 »JOB«-Vermittlung der Bundesanstalt für Arbeit

Die »JOB«-Zeitarbeitsvermittlung ist, wie der Name schon widerspiegelt, die Einrichtung der Bundesanstalt für Arbeit, die der Tätigkeit der Zeitarbeitsunternehmen in der freien Wirtschaft am ähnlichsten ist.

Diese Vermittlungsstellen, die es in vielen größeren Städten gibt, vermitteln befristete Beschäftigungsverhältnisse bis zu drei Monaten Dauer. Überwiegend (aber nicht in allen Fällen) sind diese Vermittlungseinrichtungen aus den Arbeitsamtsdienstgebäuden ausgelagert. Sie befinden sich beispielsweise in Häfen, in den Fußgängerzonen der Städte oder auf Großmärkten.

Die »JOB«-Zeitarbeitsvermittlung der Bundesanstalt für Arbeit vermittelt befristete Beschäftigungsverhältnisse bis zu drei Monaten Dauer

Grundsätzlich werden auch hier sowohl gewerbliche als auch kaufmännische Arbeit Suchende in Beschäftigungsverhältnisse gebracht, die aber hier, im Gegensatz zu den meisten Verträgen der Zeitarbeitsunternehmen, tatsächlich befristet sind. Der Schwerpunkt liegt bei der Vermittlung von Hilfskräften und Bürohilfskräften, allerdings geht der Trend in den letzten Jahren verstärkt zur Vermittlung von qualifizierteren Arbeit Suchenden.

Die Abrechnung der Arbeitsleistung erfolgt direkt zwischen dem Arbeitgeber und dem vermittelten Arbeitnehmer, das heißt, es kommt ein reguläres befristetes Arbeitsverhältnis oder eine geringfügige Beschäftigung zu Stande und das Arbeitsamt wird lediglich als Vermittler tätig. Diese Leistung ist natürlich (auf Grund des politischen Auftrages und durch

Die staatliche Konkurrenz der Zeitarbeitsunternehmen

die Finanzierung aus der Arbeitslosenversicherung) sowohl für den Arbeit Suchenden als auch für den Arbeitgeber kostenlos.

Ein Nachteil dieser staatlichen Vermittlungseinrichtungen ist, dass die Vermittler in den seltensten Fällen die zu besetzenden Stellen genau kennen und noch seltener im Rahmen von Außendienstbesuchen auch tatsächlich in Augenschein nehmen können. Insofern kann ein Anforderungsprofil, nach dem sich schließlich die genaue Eignung des Arbeitnehmers richtet, zumeist nicht bis ins Detail erstellt werden. Ferner endet die Betreuung durch die Vermittler des Arbeitsamtes für den Arbeit Suchenden praktisch schon in dem Moment, in dem ihm der entsprechende Vermittlungsschein ausgehändigt wurde.

Die »JOB«-Vermittlungsstellen bieten ihre Dienste manchmal, ebenso wie die Zeitarbeitsunternehmen, im Stellenteil der Tageszeitungen an. Der Pool der Arbeit Suchenden, auf den bei dieser speziellen Art der staatlichen Arbeitsvermittlung zurückgegriffen wird, rekrutiert sich natürlich nicht aus allen bei den Arbeitsämtern Arbeit suchend gemeldeten Personen, sondern beschränkt sich auf den Personenkreis, der gesondert bei diesen Vermittlungsstellen vorspricht.

11.2 Studentenvermittlung der Bundesanstalt für Arbeit

Früher waren diese Vermittlungseinrichtungen der Bundesanstalt für studentische Arbeit Suchende in einigen Städten als »Heinzelmännchen«-Vermittlung bekannt. Heute sind sie oftmals an die »JOB«-Vermittlungen der Arbeitsämter angeschlossen, in einigen Fällen aber auch räumlich (als Außenstellen) direkt an den Universitäten untergebracht.

Vermittlung von Studenten in befristete Arbeitsverhältnisse

Wie es die Bezeichnung schon wiedergibt: In diesen Vermittlungsstellen werden ausschließlich Studenten in befristete Arbeitsverhältnisse gebracht. Die betreffenden Arbeit Suchenden müssen eine gültige Immatrikulation vorlegen. Die Dauer der Beschäftigungsverhältnisse orientiert sich zumeist an den Semesterferien, in denen das Angebot an Arbeit Suchenden erfahrungsgemäß größer ist als die Nachfrage in der Wirtschaft. In einigen Fällen werden aber auch studienbegleitende Nebentätigkeiten angeboten, die bei Studenten recht begehrt und deshalb im Regelfall auch sehr schnell vergriffen sind.

Auch bei einer (im Übrigen ebenso kostenfreien) Vermittlung durch die Studentenvermittlung erfolgt die Lohnabrechnung direkt zwischen dem Unternehmen und dem studentischen Mitarbeiter. Die Studenten haben zwar in den letzten Jahren auf der Suche nach einem Job in besonderem Maße die Zeitarbeitsunternehmen als geeignete Ansprechpartner entdeckt, trotzdem werden die Studentenvermittlungen der Arbeitsämter ihren festen Platz behalten.

Es empfiehlt sich auch hier, mehrere Anlaufstellen zu haben, um als Student die optimale Ausgangsposition für die Jobsuche zu haben, ganz egal, ob es sich um eine befristete Tätigkeit während der Semesterferien handelt oder ob ein dauerhafter Nebenjob während der gesamten Studienzeit angestrebt wird.

Auch die Zeitarbeitsunternehmen bedienen sich gern der Mitarbeit von Studenten, wenn die erforderliche Qualifikation für den betreffenden Einsatz vorhanden ist. Schließlich gibt es sozialversicherungsrechtliche Vorteile (etwaige Beitragsfreiheit), die sowohl dem Arbeitnehmer (also dem Studenten) als auch dem Arbeitgeber (also dem Zeitarbeitsunternehmen) zugute kommen. Nicht selten nutzen einzelne Studenten immer wieder die Dienste der gleichen Zeitarbeitsfirma, wenn es um einen Ferienjob geht.

12 Die Funktion der Bundesanstalt für Arbeit als Erlaubnis- und Überwachungsbehörde

Es klang bereits an, dass sich die Tätigkeit der Bundesanstalt für Arbeit im Zusammenhang mit der Arbeitnehmerüberlassung nicht auf die Bearbeitung der eingehenden Anträge auf Erteilung oder Verlängerung einer Erlaubnis nach dem AÜG beschränkt.

Erlaubnis- und Überwachungsbehörde

Entsprechende Fachabteilungen befassen sich ausschließlich mit Arbeitnehmerüberlassung

Die ausführende Instanz sind dabei die Landesarbeitsämter (vgl. Anhang, Anschriften der Landesarbeitsämter), die über entsprechende Fachabteilungen (Referate) verfügen, die sich ausschließlich mit der Arbeitnehmerüberlassung befassen. Neben der Überprüfung der Zeitarbeitsunternehmen im Zusammenhang mit dem Erlaubnisverfahren gehören auch außerplanmäßige Inspektionen zu deren Aufgaben. Gleichzeitig werden hier auch die Kontrollmeldungen der einzelnen Überlassungsfälle (vgl. Kap. 8.2 Arbeitnehmerüberlassungsvertrag) und die statistischen Meldungen der Verleiher (vgl. Kap. 12.2) entgegengenommen, ausgewertet und zur Weiterverarbeitung an das Referat Statistik in der Hauptstelle der Bundesanstalt für Arbeit in Nürnberg weitergegeben.

Mitunter sind auch Beschwerden von Leiharbeitnehmern dafür verantwortlich, dass die Bearbeiter und Ermittler der Landesarbeitsämter im Rahmen von Außenprüfungen tätig werden.

12.1 Merkblatt für Leiharbeitnehmer

Jedem Leiharbeitnehmer ist bei seiner Einstellung durch den Verleiher ein Merkblatt der Bundesanstalt für Arbeit auszuhändigen

Gemäß Arbeitnehmerüberlassungsgesetz ist jedem Leiharbeitnehmer bei seiner Einstellung durch den Verleiher ein Merkblatt der Bundesanstalt für Arbeit auszuhändigen. Dies dient der Information des Zeitarbeitnehmers, von dem man nicht verlangen kann, dass er sich bis ins Detail in alle relevanten Rechtsgrundlagen im Hinblick auf die Arbeitnehmerüberlassung in Deutschland einliest, bevor er einen Arbeitsvertrag mit einem Zeitarbeitsunternehmen unterschreibt. Deshalb sind in diesem Merkblatt die wesentlichen Grundsätze aufgeführt.

Ein gutes Zeitarbeitsunternehmen wird den in der Zeitarbeit unerfahrenen Bewerber nicht ausschließlich mit diesem Merkblatt ausstatten, sondern ihn in einem persönlichen Gespräch über die Besonderheiten eines Beschäftigungsverhältnisses in der Zeitarbeit und in diesem speziellen Unternehmen aufklären.

Der Inhalt der schriftlichen Information der Bundesanstalt für den Zeitarbeitnehmer lautet wie folgt:

Merkblatt für Leiharbeitnehmer

BUNDESANSTALT FÜR ARBEIT
MERKBLATT
FÜR LEIHARBEITNEHMER

(Leiharbeitnehmer i. S. des »Gesetzes zur Regelung der gewerbsmäßigen Arbeitnehmerüberlassung« (AÜG) vom 7. August 1972 – BGBl. I S. 1393 – ist ein Arbeitnehmer, der zu einem Verleiher in einem Arbeitsverhältnis steht und Dritten (Entleihern) gewerbsmäßig zur Arbeitsleistung überlassen wird.)
Wenn Sie als Leiharbeitnehmer tätig werden wollen, sind für Sie folgende Informationen von Bedeutung:

A. Arbeitsverhältnis

1. Grundlage der Tätigkeit eines Leiharbeitnehmers ist der Abschluss eines Arbeitsvertrages mit einem Verleiher, der eine Erlaubnis des Landesarbeitsamtes zur gewerbsmäßigen Überlassung von Arbeitnehmern hat.

    Ein Arbeitsvertrag zwischen Ihnen und dem Verleiher ist unwirksam, wenn der Verleiher diese Erlaubnis nicht besitzt. In diesem Falle kommt ein Arbeitsverhältnis zwischen Ihnen und dem Entleiher zu Stande, und zwar zu dem zwischen Verleiher und Entleiher für den Beginn der Tätigkeit vorgesehenen Zeitpunkt. Für dieses Arbeitsverhältnis gilt die zwischen dem Verleiher und dem Entleiher vorgesehene tägliche Arbeitszeit. Außerdem haben Sie mindestens Anspruch auf das mit dem Verleiher vereinbarte Arbeitsentgelt. Dieses Arbeitsverhältnis besteht jedoch nur für den zwischen Verleiher und Entleiher vereinbarten Zeitraum der Überlassung. Im Übrigen gelten für dieses Arbeitsverhältnis die für den Betrieb des Entleihers maßgebenden sonstigen Vorschriften und Regelungen; sind solche nicht vorhanden, gelten diejenigen vergleichbarer Betriebe.

    Soweit Ihnen dadurch, dass Sie auf die Gültigkeit des Vertrages zum Verleiher vertraut haben, ein Schaden entstanden ist, können Sie von dem Verleiher Ersatz des Schadens verlangen.

Erlaubnis- und Überwachungsbehörde

Die Ersatzpflicht tritt nicht ein, wenn Sie den Grund der Unwirksamkeit kannten.

Der Verleiher hat Sie unverzüglich über den Zeitpunkt des Wegfalls der Erlaubnis zu unterrichten und Sie auf das voraussichtliche Ende der Abwicklung hinzuweisen. Die Abwicklungsfrist beträgt höchstens 12 Monate.

2. Der Verleiher ist verpflichtet, den wesentlichen Inhalt des Arbeitsverhältnisses in eine von ihm zu unterzeichnende Urkunde aufzunehmen und Ihnen diese auszuhändigen. In der Urkunde sind in jedem Falle anzugeben:

   a) Firma und Anschrift des Verleihers, die Erlaubnisbehörde sowie Ort und Datum der Erteilung der Erlaubnis,
   b) Vor- und Familienname, Wohnort und Wohnung, Tag und Ort der Geburt des Leiharbeitnehmers,
   c) Art und besondere Merkmale der von dem Leiharbeitnehmer zu leistenden Tätigkeit, dafür erforderliche Qualifikationen, ein Hinweis darauf, dass der Arbeitnehmer an verschiedenen Orten beschäftigt wird, und etwaige Pflicht zur auswärtigen Leistung,
   d) Beginn und Dauer des Arbeitsverhältnisses, Gründe für eine Befristung,
   e) Fristen für die Kündigung des Arbeitsverhältnisses,
   f) die Zusammensetzung und Höhe des Arbeitsentgelts einschließlich der Zuschläge, Zulagen, Prämien und Sonderzahlungen sowie anderer Bestandteile des Arbeitsentgelts und deren Fälligkeit,
   g) Leistungen bei Krankheit, Urlaub und vorübergehender Nichtbeschäftigung,
   h) Zeitpunkt und Ort der Begründung des Arbeitsverhältnisses,
   i) die Dauer des jährlichen Erholungsurlaubs,
   j) die vereinbarte Arbeitszeit,
   k) der in allgemeiner Form gehaltene Hinweis auf die Tarifverträge und Betriebsvereinbarungen, die auf das Leiharbeitsverhältnis anzuwenden sind,
   l) die Angaben nach § 2 Abs. 2 des Nachweisgesetzes, wenn der Leiharbeitnehmer länger als einen Monat seine Ar-

Merkblatt für Leiharbeitnehmer

beitsleistung außerhalb der Bundesrepublik Deutschland zu erbringen hat.

3. Das Arbeitsverhältnis zwischen dem Verleiher und Ihnen darf wiederholt nur befristet werden, wenn dafür in Ihrer Person ein sachlicher Grund vorliegt oder die Befristung für einen Arbeitsvertrag vorgesehen ist, der unmittelbar an einen mit Ihrem Verleiher geschlossenen Arbeitsvertrag anschließt. Sachliche Gründe sind z. B. familiäre Verpflichtungen, Ferienarbeit, Überbrücken eines Zeitraumes bis zur Aufnahme eines neuen Dauerarbeitsplatzes. Der sachliche Grund muss näher bezeichnet werden.

   Befristungen im Interesse des Verleihers sind unwirksam. Der Anspruch auf Arbeitsentgelt bleibt Ihnen bei einer unwirksamen Befristung auch dann erhalten, wenn Sie Ihre Arbeitsleistung nicht anbieten.

4. Wenn der Verleiher das Arbeitsverhältnis kündigt und Sie wiederholt innerhalb von 3 Monaten erneut einstellt, ist die Kündigung unwirksam. Sie haben dann auch Anspruch auf Arbeitsentgelt für den Zeitraum zwischen Kündigung und erneuter Einstellung. Der Anspruch hängt nicht davon ab, dass Sie dem Verleiher Ihre Arbeitsleistung angeboten haben.

   Das Arbeitsverhältnis kann mit einer Frist von 4 Wochen zum Fünfzehnten oder zum Ende eines Kalendermonats gekündigt werden (§ 622 Abs. 1 des Bürgerlichen Gesetzbuchs – BGB –).

   Bei einer Kündigung durch den Arbeitgeber beträgt die Kündigungsfrist, wenn das Arbeitsverhältnis in dem Betrieb oder Unternehmen 2 Jahre bestanden hat, einen Monat zum Ende des Kalendermonats. Die Kündigungsfristen verlängern sich – gestaffelt nach der Dauer des Arbeitsverhältnisses – bis zu einer Kündigungsfrist von 7 Monaten zum Ende eines Kalendermonats, wenn das Arbeitsverhältnis 20 Jahre bestanden hat.

   Bei der Berechnung der Beschäftigungsdauer werden Zeiten, die vor der Vollendung des fünfundzwanzigsten Lebensjahres des Arbeitnehmers liegen, nicht berücksichtigt (§ 622 Abs. 2 BGB).

Während einer vereinbarten Probezeit, längstens für die Dauer von 6 Monaten, kann das Arbeitsverhältnis mit einer Frist von 2 Wochen gekündigt werden (§ 622 Abs. 3 BGB).

Kürzere als die in § 622 Abs. 1 und 2 BGB genannten Kündigungsfristen können durch Tarifvertrag vereinbart werden. Die einzelvertragliche Vereinbarung kürzerer Kündigungsfristen ist, mit Ausnahme von § 622 Abs. 5 Nr. 2 BGB, ausgeschlossen.

5. Ein wiederholtes Arbeitsverhältnis zwischen Ihnen und dem Verleiher muss den ersten Einsatz bei einem Entleiher überdauern. Das ist nur dann der Fall, wenn die Zeit, für die das Leiharbeitsverhältnis fortgesetzt wird, in einem angemessenen Verhältnis zur Dauer des ersten Einsatzes steht.

Das Arbeitsverhältnis muss den ersten Einsatz lediglich dann nicht überdauern, wenn Sie unmittelbar nach der Überlassung in ein Arbeitsverhältnis zu dem Entleiher eintreten und dem Verleiher vom Arbeitsamt als schwer vermittelbar vermittelt worden sind.

6. Der Verleiher darf Sie nicht länger als 12 aufeinanderfolgende Monate einem Entleiher überlassen. Der Zeitraum einer unmittelbar vorangehenden Überlassung durch einen anderen Verleiher an denselben Entleiher wird angerechnet.

7. Bei der Wahl der Arbeitnehmervertretungen im Entleiherbetrieb sind Sie weder wahlberechtigt noch wählbar. Sie sind jedoch berechtigt, die Sprechstunden dieser Arbeitnehmervertretungen aufzusuchen und an den Betriebs- und Jugendversammlungen im Entleiherbetrieb teilzunehmen. Die §§ 81, 82 Abs. 1 und §§ 84 bis 86 des Betriebsverfassungsgesetzes (Mitwirkungs- und Beschwerderecht des Arbeitnehmers) gelten im Entleiherbetrieb auch für Sie.

Vor dem Einsatz eines Leiharbeitnehmers ist der Betriebsrat des Entleiherbetriebes nach § 99 des Betriebsverfassungsgesetzes einzuschalten.

MERKBLATT FÜR LEIHARBEITNEHMER

Die vorstehenden Regelungen gelten sinngemäß für die Anwendung des Bundespersonalvertretungsgesetzes.

8. Der Verleiher darf Ihnen nicht untersagen, nach Beendigung Ihres Leiharbeitsverhältnisses ein Arbeitsverhältnis mit dem Entleiher einzugehen. Entsprechende Vereinbarungen sowie ähnliche Vereinbarungen zwischen Entleiher und Verleiher sind unwirksam.

9. Der Verleiher hat Ihnen das vereinbarte Arbeitsentgelt auch dann zu zahlen, wenn er Sie nicht bei einem Entleiher beschäftigen kann.

10. Sie sind nicht verpflichtet, bei einem Entleiher tätig zu werden, soweit dieser durch einen Arbeitskampf unmittelbar betroffen ist. Bei einem solchen Arbeitskampf muss der Verleiher Sie auf Ihr Leistungsverweigerungsrecht hinweisen.

11. Sie dürfen nicht an Betriebe des Baugewerbes für Arbeiten überlassen werden, die üblicherweise von Arbeitern verrichtet werden. Dieses Verbot gilt nicht zwischen Betrieben des Baugewerbes, wenn diese Betriebe von denselben Rahmen- und Sozialkassentarifverträgen oder von deren Allgemeinverbindlichkeit erfasst werden.

12. Arbeitnehmer, die nicht Deutsche im Sinne des Artikels 116 des Grundgesetzes sind, bedürfen grundsätzlich zur Ausübung einer Beschäftigung eine Arbeitserlaubnis der Bundesanstalt für Arbeit, soweit sie nicht Staatsangehörige eines Mitgliedstaates der Europäischen Union bzw. eines Vertragsstaates des Abkommens über den europäischen Wirtschaftsraum sind.

B. Sozialversicherung

Dem Verleiher als Ihrem Arbeitgeber obliegt die Abführung der Beiträge zur gesetzlichen Kranken-, Pflege-, Unfall-, Renten- und Arbeitslosenversicherung.

Kommt er seiner Beitragszahlungspflicht nicht nach, haftet dafür der Entleiher.

Träger der Sozialversicherung sind:
- Kranken- und Pflegeversicherung: Krankenkassen
- Unfallversicherung:
Berufsgenossenschaften
- Rentenversicherung:
Landesversicherungsanstalten (Arbeiter)
Bundesversicherungsanstalt für Angestellte
- Arbeitslosenversicherung:
Bundesanstalt für Arbeit (Arbeitsämter)

C. Arbeitsschutz und Unfallverhütung

Ihre Tätigkeit bei dem Entleiher unterliegt den für den Betrieb des Entleihers geltenden öffentlich-rechtlichen Vorschriften des Arbeitsschutzrechts. Für die Einhaltung dieser Vorschriften sind Verleiher und Entleiher verantwortlich. Der Entleiher hat auch die im Rahmen der gesetzlichen Unfallverhütung notwendigen Unfallverhütungsmaßnahmen zu treffen. Sie sind verpflichtet, die entsprechenden Vorschriften zu befolgen.

Der Entleiher hat Sie ferner, insbesondere vor Beginn der Beschäftigung und bei Veränderungen in seinem Arbeitsbereich, über Gefahren für Sicherheit und Gesundheit, denen Sie bei der Arbeit ausgesetzt sein können, sowie über die Maßnahmen und Einrichtungen zur Abwendung dieser Gefahren zu unterrichten. Der Entleiher hat Sie zusätzlich über die Notwendigkeit besonderer Qualifikationen oder beruflicher Fähigkeiten oder einer besonderen ärztlichen Überwachung sowie über erhöhte besondere Gefahren des Arbeitsplatzes zu unterrichten.

D. Zuständigkeitsfragen

Zur Entscheidung von Streitigkeiten aus dem Leiharbeitsverhältnis zwischen Ihnen und dem Verleiher sind die Arbeitsgerichte zuständig. Nähere Auskünfte in diesem Bereich erteilen Arbeitnehmer- und Arbeitgeberverbände sowie Rechtsanwälte.

Bei Zweifeln, ob der Verleiher die erforderliche Erlaubnis der Bundesanstalt für Arbeit besitzt, können Sie sich an das zuständige Landesarbeitsamt wenden.

12.2 Meldepflichten der Zeitarbeitsunternehmen

Über jeden einzelnen Überlassungsfall erhält die Bundesanstalt für Arbeit, ebenso wie die zuständige Krankenkasse, einen schriftlichen Beleg, die so genannte Kontrollmeldung. Hierbei handelt es sich in den meisten Fällen um eine Kopie des Arbeitnehmerüberlassungsvertrages mit allen relevanten Daten und Angaben, die diesen Einzelfall betreffen.

Die Bundesanstalt für Arbeit sowie die zuständige Krankenkasse erhalten eine Kontrollmeldung jedes einzelnen Überlassungsfalls

Das Arbeitnehmerüberlassungsgesetz (vgl. Kap. 2.1) verpflichtet die Zeitarbeitsunternehmen aber auch zur Abgabe von weiter reichenden statistischen Meldungen. Hintergrund ist, dass der Gesetzgeber und damit die Erlaubnisbehörde einen ständigen Überblick bezüglich des genauen Umfangs der Geschäftstätigkeit der lizenzierten Verleihbetriebe haben will.

Diese Meldungen sind halbjährlich (Termine sind der 1. September für das erste Kalenderhalbjahr und der 1. März für das zweite Kalenderhalbjahr) an das zuständige Landesarbeitsamt abzugeben.

Mustervordrucke für diese so genannte AÜG-Statistik werden den Verleihern von der Bundesanstalt für Arbeit zur Verfügung gestellt. Diese Formblätter sehen eine Unterteilung der im Berichtszeitraum beschäftigten Leiharbeitnehmer beispielsweise nach Art der Tätigkeit, Geschlecht und Dauer der Arbeitsverhältnisse vor.

Die gewonnenen Erkenntnisse fließen dann auch in die statistischen Veröffentlichungen der Bundesanstalt für Arbeit ein. So werden zum Beispiel in den Amtlichen Nachrichten der Bundesanstalt (kurz »ANBA«) auch die Zahlen aus der Arbeitnehmerüberlassung, unterteilt nach Landesarbeitsamtsbezirken, wiedergegeben.

Diese Statistiken ermöglichen es allen Interessierten, einen sehr konkreten Überblick über den aktuellen Stand und die Entwicklung der Zeitarbeit in Deutschland zu bekommen (vgl. Kap. 4).

12.3 Überwachungstätigkeit und Betriebsprüfungen

Die Tätigkeit der Zeitarbeitsunternehmen wird von zahlreichen gesetzlichen und sozialversicherungsrechtlichen Regelungen (vgl. Kap. 2) geprägt.

ERLAUBNIS- UND ÜBERWACHUNGSBEHÖRDE

Der Gesetzgeber überwacht die Zeitarbeitsunternehmen in ihrer Geschäftstätigkeit

Der Gesetzgeber verlässt sich nicht blind auf die Einhaltung dieser Vorschriften durch die beteiligten Parteien, sondern überwacht die Zeitarbeitsunternehmen in ihrer Geschäftstätigkeit und gibt damit letztlich den Kunden und Mitarbeitern der Verleihbetriebe eine zusätzliche Sicherheit.

Es werden turnusmäßige Überprüfungen und Stichproben durchgeführt

Neben den turnusmäßigen Überprüfungen, die mit dem Erlaubnisverfahren in Zusammenhang stehen, gibt es auch ausserplanmäßige, stichprobenartige Kontrollen. So werden z. B. Besuche bei den Verleihern genutzt, um Mitarbeiterakten und andere relevante Unterlagen zu sichten und deren Rechtmäßigkeit zu beurteilen. Mitunter werden diese Unterlagen aber auch auf dem Postwege angefordert und im Landesarbeitsamt ausgewertet.

Kommt es zu begründeten Beschwerden von Leiharbeitnehmern, prüft das Landesarbeitsamt die betreffenden Zeitarbeitsfirmen ebenfalls. Nicht selten führen aber auch erfolglose Lohnerhöhungsgespräche oder ähnliche, betriebsinterne Vorgänge dazu, dass sich Zeitarbeitnehmer beim zuständigen Landesarbeitsamt über ihren Arbeitnehmer beschweren. Somit ist hier auch ein gewisses Fingerspitzengefühl der Bearbeiter des LAA gefragt, um wirkliche Verstöße erkennen, verfolgen und letztlich auch ahnden zu können.

Die rechtliche Bandbreite dieser Ahndung beginnt bei der Ermahnung (möglicherweise mit einer Auflagenerteilung) und führt über Bußgeldbescheide und Konsequenzen im Erlaubnisverfahren (im Extremfall Widerruf oder Rücknahme der Erlaubnis) bis hin zur Strafanzeige (wenn Straftatbestände vorliegen) und Versagung der weiteren Tätigkeit, was natürlich auch mit einer Rücknahme der Erlaubnis einhergeht.

Ansatzpunkte für konkrete Prüfungen bilden zum Beispiel oftmals die Themenkomplexe Beschäftigung von nicht deutschen Arbeitnehmern, Kündigungsverhalten und Gewährung von unbezahltem Urlaub (Abwälzung des Arbeitgeberrisikos).

Glücklicherweise ist die Zahl der Beanstandungen in den letzten Jahren immer weiter gesunken. Hierfür ist aber auch die Liberalisierung der relevanten Gesetzgebung mit verantwortlich.

ÜBERWACHUNGSTÄTIGKEIT UND BETRIEBSPRÜFUNGEN

Neben den Landesarbeitsämtern prüfen auch andere Stellen, wie z. B. die Krankenkassen und die Berufsgenossenschaften, die Zeitarbeitsunternehmen im Vergleich zu anderen Branchen in besonderem Maße. Im Falle der Krankenkassen geht es hierbei zumeist um die korrekte Abführung der Sozialversicherungsbeiträge und bei den Berufsgenossenschaften um die Einhaltung der Unfallverhütungsvorschriften und anderer Dinge im Zusammenhang mit dem Arbeitsschutz der Mitarbeiter.

13 Die Zeitarbeitsverbände in Deutschland

In vielen Wirtschaftsbereichen gibt es Interessenvertretungen der Arbeitgeber. Die Notwendigkeit zur Gründung einer solchen Interessengemeinschaft haben einige Unternehmer der Zeitarbeitsbranche bereits sehr früh (bezogen auf das Alter dieser Dienstleistung überhaupt) erkannt.

Sinn und Zweck dieser Bestrebungen war neben dem Gedanken- und Erfahrungsaustausch untereinander die Durchsetzung einer Liberalisierung der Zeitarbeit sowie die Verbesserung des Images.

Die beiden namhaften Verbände sind der *Bundesverband Zeitarbeit e.V. (BZA)* und die *Schutzgemeinschaft Zeitarbeit e.V. (SGZ)*, die seit 1993 kooperieren.

Interessenvertretungen der Arbeitgeber innerhalb der Zeitarbeitsbranche

Ein weiterer Verband, mit ausschließlicher Ausrichtung auf die Zeitarbeitsunternehmen in den östlichen Bundesländern, ist derzeit im Entstehen, zur Zeit aber noch nicht eingetragen.

In allen Fällen handelt es sich um Interessenvertretungen der Arbeitgeber innerhalb der Zeitarbeitsbranche.

13.1 Der Bundesverband Zeitarbeit (BZA e.V.)

Der BZA wurde 1976 gegründet. Er trat die Nachfolge des Unternehmensverbandes für Zeitarbeit (UZA e.V.) an, der zuvor bereits seit 1969 tätig war. Mit rund 600 dort organisierten Betrieben (diese Zahl bezieht sich nicht ausschließlich auf Firmen, versteht sich also inklusive der einzelnen Niederlassungen der größeren Mitgliedsunternehmen) ist er der

Die Zeitarbeitsverbände in Deutschland

bedeutendste Verband der Zeitarbeit in Deutschland und einer der bedeutendsten in Europa.

Neben der politischen Arbeit stehen die Öffentlichkeitsarbeit und die Information der Mitglieder an erster Stelle der Verbandsarbeit. Zudem leistet der BZA wissenschaftliche Arbeit im verbandseigenen Deutschen Institut Zeitarbeit (DIZ) und kümmert sich um die Weiterbildung der Mitarbeiter der Verbandsbetriebe.

Auf regelmäßigen Tagungen findet ein Gedankenaustausch der Mitgliedsfirmen untereinander statt. Diese Symposien werden auch dazu genutzt, den Kontakt zur Politik aufrechtzuerhalten, indem Gastredner eingeladen und Diskussionen zu relevanten Themen geführt werden.

Seit 1997 beschäftigt sich der BZA mit den Bereichen Personalvermittlung, Personalberatung, Outsourcing, Outplacement und anderen Personaldienstleistungen

Im Jahr 1997 wurde der Satzungszweck des BZA neben der Zeitarbeit auf die Bereiche Personalvermittlung, Personalberatung, Outsourcing, Outplacement und andere Personaldienstleistungen ausgedehnt, da viele Mitgliedsfirmen auch in diesen Marktsegmenten tätig sind und in Zukunft eine immer stärkere Verknüpfung der einzelnen Dienstleistungen im Personalbereich stattfinden wird.

Die Anschrift des Verbandes lautet:

- Bundesverband Zeitarbeit Personaldienstleistungen e.V.
  Vorgebirgsstraße 39
  53119 Bonn
  Tel. (02 28) 63 24 50
  Fax (02 28) 65 95 82

13.1.1 Arbeitsbedingungen und Sozialleistungen der Mitgliedsfirmen

Die Mitgliedsfirmen des BZA verpflichten sich bereits seit 1991, ihren Mitarbeitern bestimmte Sozialleistungen und Arbeitsbedingungen zu garantieren. Diese Anforderungen sind schriftlich fixiert und liegen mittlerweile in der fünften Fassung (mit Gültigkeit seit Mai 1994) vor.

Allerdings handelt es sich hierbei nicht um konkrete tarifvertragsähnliche Bedingungen, sondern größtenteils um recht allgemeine Formulierungen, wie etwa: »Der Arbeitgeber leistet an den Arbeitnehmer eine marktgerechte Vergütung

Der Bundesverband Zeitarbeit (BZA e.V.)

als Lohn oder Gehalt« (§ 2 Vergütung der ABS-BZA), oder auch um »Kann-Regelungen«, beispielsweise im Hinblick auf die Zahlung von Weihnachts- und Urlaubsgeld, weshalb der volle Wortlaut dieser Vereinbarung hier auch nicht wiedergegeben wird.

Im Hinblick auf etwaige Sonderleistungen (wie Mehrarbeitszuschläge und die Gewährung von vermögenswirksamen Leistungen) sowie bezüglich des Urlaubs wird der Text dann zwar präziser, gibt aber letztlich in etwa die mittlerweile ohnehin branchenüblichen Konditionen wieder.

Letztlich hat der BZA über die Fixierung dieser Grundprinzipien aber durchaus dazu beigetragen, die Konditionen innerhalb der Zeitarbeitsbranche kontinuierlich auf ein höheres Niveau zu bringen.

13.1.2 Beschwerdestelle

Unter der im Kap. 13.1 angegebenen Anschrift und Telefonnummer unterhält der BZA zudem eine eigene Beschwerdestelle.

Diese Einrichtung steht den Arbeitnehmern der Mitgliedsfirmen des BZA zur Verfügung. Der im BZA organisierte Arbeitgeber ist verpflichtet, seine Mitarbeiter bereits bei der Einstellung auf die Existenz dieser Stelle und die Möglichkeit der Nutzung hinzuweisen.

Anlaufstelle für die Arbeitnehmer der Mitgliedsfirmen des BZA

Wenn der Arbeitnehmer der Meinung ist, dass sein Arbeitgeber ihn nicht absprachegemäß behandelt, kann er die Beschwerdestelle hinzuziehen, um eine Klärung herbeizuführen. Konkret geht es also vorrangig um die Einhaltung der Arbeitsbedingungen und Sozialleistungen der Mitgliedsfirmen im BZA.

Falls der betreffende Arbeitgeber nicht Mitglied im BZA ist und tatsächlich vertragliche Vereinbarungen durch den Verleiher verletzt werden, ist diese Einrichtung nicht die richtige Anlaufstelle. Sollte ein klärendes Gespräch mit dem Vorgesetzten in einem solchen Fall nicht zum gewünschten Erfolg führen, kann sich jeder Arbeitnehmer natürlich auch an die Rechtsberatungsstelle des zuständigen Arbeitsgerichtes wenden, um sich Klarheit zu verschaffen, ohne dass er deshalb gleich zwingend Klage erheben muss.

13.2 Schutzgemeinschaft Zeitarbeit (SGZ e.V.)

Die SGZ wurde 1987 in Frankfurt/Main gegründet und kooperiert seit 1993 mit dem BZA.

Sie ist seitdem unter der gleichen Anschrift wie der BZA (vgl. Kap. 13.1) in Bonn zu erreichen.

Die Zahl der Mitgliedsbetriebe der SGZ ist erheblich geringer als die beim BZA, was auch an den höheren Beiträgen für die hier organisierten Unternehmen liegt. Diese kostspieligere Mitgliedschaft ist auch dadurch gerechtfertigt, dass alle Mitgliedsunternehmen einen Teil dieser Beiträge in einen so genannten Sozialabgaben-Ausgleichsfonds einzahlen. Dieser »Geldtopf« steht den Kundenunternehmen im Ernstfall zur Abdeckung des Risikos der Subsidiärhaftung (vgl. Kap. 5.2) zur Verfügung.

Stärker als beim BZA will man hier die Qualität der Mitgliedsfirmen in den Vordergrund stellen, indem eine Art »Gütesiegel« geführt wird.

Ein Teil der Zeitarbeitsunternehmen ist in beiden namhaften Verbänden organisiert.

WIE FUNKTIONIERT DIE PERSONALVERMITTLUNG?

B PERSONALVERMITTLUNG

1 WIE FUNKTIONIERT DIE PERSONALVERMITTLUNG?

In der Vergangenheit existierte ein Monopol der Bundesanstalt für Arbeit in Bezug auf die Arbeitsvermittlung in Deutschland. Hiervon gab es nur sehr wenige Ausnahmen im Hinblick auf die erlaubte Vermittlungstätigkeit einiger Institutionen (karitative Einrichtungen etc.), die aber nicht auf Gewinn ausgerichtet operieren durften.

Mit einer Novelle des Arbeitsförderungsgesetzes wurde dieses Alleinrecht ab dem 01.08.1994 abgeschafft, und privaten Stellenvermittlern, die eine entsprechende Lizenz der Bundesanstalt für Arbeit besitzen, wurde die Möglichkeit gegeben, in diesem Bereich auch gewinnorientiert tätig zu werden.

Mit der Novelle des Arbeitsförderungsgesetzes vom August 1994 wurde das Monopol auf Arbeitsvermittlung der Bundesanstalt für Arbeit abgeschafft

Die Arbeitsvermittlung innerhalb der Bundesanstalt für Arbeit (ausgeführt durch die einzelnen Arbeitsämter) blieb in der Tat in den letzten Jahren nicht von der Kritik verschont, sodass bereits Anfang der 90er-Jahre das Begehren nach einer Privatisierung der Stellenvermittlung in der Wirtschaft immer größer wurde.

Privatisierung der Stellenvermittlung

Viele Großunternehmen hatten bei der Besetzung von Top-Positionen bereits Erfahrungen mit Personalberatungsunternehmen gesammelt, die laut offiziellem Tenor aber nicht vermittelten, sondern lediglich beratend tätig wurden. Diese Personalberater (mitunter auch als »Head-Hunter« bezeichnet, also frei übersetzt »Kopfjäger«) sind in den gehobenen Positionen im Übrigen auch weiterhin tätig und haben ihr Angebot in einigen Fällen auch auf die Personalvermittlung für andere Berufe erweitert.

Wie aber arbeitet ein privates Unternehmen der Personalvermittlung?

Es versucht, ebenso wie die Arbeitsämter, Arbeit Suchende und Arbeitgeber zur Begründung von Arbeitsverhältnissen zusammenzubringen.

Wie funktioniert die Personalvermittlung?

Im Gegensatz zur Arbeitnehmerüberlassung wird der geeignete Bewerber, der schliesslich einen Arbeitsvertrag erhält, aber zu keiner Zeit bei dem Personalvermittler tätig, sondern direkt beim Auftraggeber, also dem Kundenunternehmen.

Die Tätigkeit eines Personalvermittlers ist mit der eines Maklers vergleichbar, der Arbeit Suchende und Arbeitgeber zusammenbringt

Ein Personalvermittler trägt damit kein Arbeitgeberrisiko. Seine Tätigkeit ist eher mit der eines Maklers zu vergleichen, der einen Anbieter und einen Interessenten zusammenführt.

Die Personal suchenden Unternehmen, die auf die Mithilfe eines Personalvermittlers vertrauen, bedienen sich aber immer mehr auch im Zuge des Personalauswahlverfahrens seiner Dienstleistung. Das heißt, die Tätigkeit des Vermittlers wird auf die Durchführung von gezielten Bewerbungsgesprächen, Einstellungstests, graphologische Gutachten und besondere Auswahlverfahren (z. B. Assessment Center) ausgedehnt, wenn der Kunde dies wünscht und der Vermittler dies anbietet.

Folgendes Beispiel verdeutlicht den Ablauf:

Am Anfang einer erfolgreichen Vermittlung steht der Kundenauftrag. Ein großer Pharmakonzern will die Stelle einer Chefsekretärin neu besetzen. In den eigenen Reihen findet sich keine geeignete Kraft, eine Umbesetzung ist somit nicht möglich. Deshalb wird zunächst das örtliche Arbeitsamt kontaktiert und ein Vermittlungsauftrag erteilt. Als diese Bemühung fehlschlägt, weil die zugewiesenen Personen nicht die notwendige Eignung und Qualifikation vorweisen, ruft der zuständige Personalleiter ein Unternehmen der privaten Stellenvermittlung an, das er bereits aus der Zusammenarbeit im Bereich der Arbeitnehmerüberlassung kennt.

In einem persönlichen Gespräch zwischen der Personalabteilung und dem Vermittler wird daraufhin die erforderliche Eignung genau besprochen und ein so genanntes Anforderungsprofil erstellt. Man verabredet ferner, dass ein so genannter »Full-Service« durchgeführt wird. Das heißt, der Vermittler soll nicht nur geeignete Bewerberinnen zum Auftraggeber schicken, sondern auch die Vorauswahl übernehmen, sodass nur noch die drei vermeint-

Wie funktioniert die Personalvermittlung?

lichen »Top-Kräfte« (aus der Sicht des Vermittlers) für die ausgeschriebene Position beim Auftraggeber im Rahmen eines Abschlussgespräches vorstellig werden sollen.

Der Personalleiter lässt sich daraufhin ein preisliches Angebot für diese Dienstleistung unterbreiten. Man einigt sich schließlich auf die Zahlung von 2 Bruttomonatsgehältern der vermittelten Person. Diese Zahlung wird aber ausdrücklich nur für den Erfolgsfall vereinbart.

Nach einer zweiwöchigen Sichtungsphase vereinbart der beauftragte Personalvermittler die Termine für die Bewerbungsgespräche der drei vorausgewählten Damen mit dem Personalleiter des Pharmaunternehmens. Er wohnt den drei Gesprächen bei und übergibt dem Auftraggeber im Vorfeld ein so genanntes »Bewerbungsexposé« zur Gesprächsvorbereitung. Der Personalleiter entschließt sich schließlich zur Einstellung einer der drei Bewerberinnen und überweist dem Personaldienstleister sein Honorar nach Erhalt der Rechnung.

Dieses Beispiel zeigt, dass Personalvermittler mitunter schnell reagieren müssen, um ihre Kunden zufrieden zu stellen. Das kann nur dann gelingen, wenn der Vermittler über einen gewissen Bewerberpool verfügt, auf den er zurückgreifen kann. Wenn ein Bewerber in einem Auswahlverfahren scheitert, wird er weitere Stellen angeboten bekommen, bis er seine Bewerbung zurückzieht, also im Normalfall dann, wenn er seinen Wunscharbeitsplatz gefunden hat oder aus anderen Gründen kein Interesse mehr besteht.

Um schnell reagieren zu können, verfügen Personalvermittler über einen Bewerberpool

Ein sehr wichtiger Aspekt bei der Tätigkeit der privaten Personalvermittler ist die Tatsache, dass die Dienstleistung für den Arbeit Suchenden immer kostenlos ist.

Es steht auch jedem Arbeitnehmer frei, sich bei mehreren Vermittlern gleichzeitig registrieren zu lassen. Dies kann er natürlich auch dann tun, wenn er derzeit in einem ungekündigten Beschäftigungsverhältnis steht.

Die Höhe des Vermittlungshonorars, das der Auftraggeber (also der Arbeitgeber) zu zahlen hat, ist frei verhandelbar

Wie funktioniert die Personalvermittlung?

und richtet sich in der Regel nach dem zu erwartenden Aufwand (und dem vereinbarten Service) für den Personaldienstleister. Honorare in der Größenordnung zwischen 1,5 und 2,5 Bruttomonatsgehältern oder zwischen 10 und 20 % eines Bruttojahreseinkommens liegen im üblichen Rahmen.

Manche Personalvermittler berechnen zudem eine einmalige pauschale Bearbeitungsgebühr bei der Auftragserteilung, die sich etwa zwischen 200 und 1.000 DM bewegt. Damit sollen die Kosten aufgefangen werden, die auch dann entstehen, wenn alle Bemühungen nicht zum gewünschten Erfolg führen und der Auftraggeber die Stelle unbesetzt lässt oder sich anderweitig entscheidet.

2 Abgrenzung zwischen staatlicher Arbeitsvermittlung und privater Personalvermittlung

Die privaten Stellenvermittler sehen sich nicht als Konkurrenz zum Arbeitsamt, auch wenn es natürlich die eindeutigen Gemeinsamkeiten der Vermittlung von Arbeit Suchenden und der Besetzung von offenen Stellen gibt. Sie verstehen sich eher als Ergänzung zu den öffentlichen Einrichtungen.

In einigen Fällen arbeiten die Arbeitsämter und die privaten Arbeitsvermittler sogar zusammen, um schließlich eine erfolgreiche Vermittlung tätigen zu können.

Die privaten Stellenvermittler verstehen sich als Personaldienstleistungsunternehmen, deren Service über die reine Vermittlungstätigkeit der Arbeitsämter hinausgeht

Grundsätzlich reicht der Service der Privaten naturgemäß ein ganzes Stück weiter als die reine Vermittlungstätigkeit, die die Arbeitsämter anbieten. Man versteht sich als Personaldienstleistungsunternehmen, das dem Kunden diverse Aufgaben im Zusammenhang mit der Personalauswahl abnimmt.

Auch wenn die Bundesanstalt auf die gesetzliche Freigabe der privaten Stellenvermittlung im Jahr 1994 rasch mit der Gründung von so genannten Vermittlungsteams reagiert hat, die sehr viel kundenorientierter und mit mehr Vor-Ort-Tätigkeit in den Betrieben aktiv werden sollten, kann der Service nicht mit dem der privaten Anbieter konkurrieren.

Die Arbeitsämter haben alle Arbeitslosen unseres Landes zu betreuen, in vielen Fällen können sie aber, auch auf Grund von personeller Unterbesetzung, nur » verwalten «, das heißt, die individuelle Betreuung des einzelnen Arbeitslosen oder

STAATL. ARBEITSVERMITTLUNG – PRIV. PERSONALVERMITTLUNG

Arbeit Suchenden und mitunter auch die des Wirtschaftsunternehmens mit Personalbedarf kommt leider viel zu kurz.

Die Vermittlungstätigkeit der Ämter ist in vielen Fällen an die Gewährung von Geldleistungen aus der Arbeitslosenversicherung gebunden. Die Privaten sprechen aber auch (und in vielen Fällen gerade) die Arbeit Suchenden an, die nicht arbeitslos sind, sondern die sich beruflich verändern wollen.

Die Privaten vermitteln auch Arbeit Suchende, die nicht arbeitslos sind sich aber beruflich verändern wollen

Dem einzelnen Arbeit Suchenden kann es letztlich egal sein, wer seine Vermittlung übernimmt, da ihm keine Kosten entstehen. Wichtig ist nur, dass er professionelle Hilfe und eine gute Betreuung erfährt und dass die Bemühungen der Beteiligten schnellstmöglich zum Erfolg führen. Deshalb kann es bestimmt nicht schaden, mehrere Eisen im Feuer zu haben.

Auftraggeber aus der Wirtschaft, die vakante Stellen zu besetzen haben, nutzen im Normalfall folgende vier Möglichkeiten:

Grundsätzliche Möglichkeiten freie Stellen zu besetzen

1. Prüfung interner Umsetzungsmöglichkeiten innerhalb des Betriebes;
2. Aufgabe von Stelleninseraten in Tages- und/oder Fachzeitschriften;
3. Erteilung eines Vermittlungauftrages an das Arbeitsamt;
4. Einschaltung eines privaten Stellenvermittlers.

Tatsächlich werden nur 30 – 40% der offenen Stellen in Deutschland dem zuständigen Arbeitsamt gemeldet. In allen anderen Fällen kommt eine der anderen genannten Möglichkeiten zum Tragen oder die ausgeschriebene Stelle bleibt schließlich unbesetzt.

Nur 30 – 40% der offenen Stellen werden dem zuständigen Arbeitsamt gemeldet

3 Rechtsgrundlagen der Personalvermittlung

Die rechtliche Grundlage für die Zulassung der privaten Arbeitsvermittlung findet sich im Arbeitsförderungsgesetz (AFG), durch das im Einklang mit dem Beschäftigungsförderungsgesetz in der Fassung von 1994 das Monopol der Bundesanstalt aufgehoben wurde. Im Jahr 1998 tritt das dritte Sozialgesetzbuch an die Stelle des Arbeitsförderungsgesetzes, wodurch sich aber erwartungsgemäß keine nennenswerten Änderungen im Bereich der Arbeitsvermittlung ergeben. Dies sind die entsprechenden Paragrafen des AFG:

Arbeitsförderungsgesetz

Rechtsgrundlagen der Personalvermittlung

Auszug aus dem Arbeitsförderungsgesetz
(Stand: 1.8.94)

§ 4
(Vermittlungsbefugnis)

Berufsberatung und Vermittlung in berufliche Ausbildungsstellen dürfen nur von der Bundesanstalt für Arbeit betrieben werden, soweit in § 29 Abs. 4 nichts anderes bestimmt ist.

§ 13
(Begriff der Arbeitsvermittlung)

(1) Arbeitsvermittlung im Sinne dieses Gesetzes ist eine Tätigkeit, die darauf gerichtet ist, Arbeit Suchende mit Arbeitgebern zur Begründung von Arbeitsverhältnissen oder mit Auftraggebern oder Zwischenmeistern zur Begründung von Heimarbeitsverhältnissen im Sinne des Heimarbeitsgesetzes zusammenzuführen.

(2) Arbeitsvermittlung sind auch die Herausgabe und der Vertrieb sowie der Aushang von Listen über Stellenangebote und Stellengesuche einschließlich der den Listen gleichzuachtenden Sonderdrucke und Auszüge aus periodischen Druckschriften. Die Aufnahme von Stellenangeboten und Stellengesuchen in Zeitungen, Zeitschriften, Fachblättern und ähnlichen periodisch erscheinenden Druckschriften sowie ihre Bekanntgabe in Ton- und Fernsehrundfunk und durch Bildschirmtext werden hierdurch nicht eingeschränkt.

(3) Keine Arbeitsvermittlung im Sinne dieses Gesetzes sind
1. Maßnahmen öffentlich-rechtlicher Träger der sozialen Sicherung zur Anbahnung eines Arbeitsverhältnisses, soweit sie zur Durchführung der ihnen gesetzlich übertragenen Aufgaben im Einzelfalle erforderlich sind,
2. die gelegentliche und unentgeltliche Empfehlung von Arbeitskräften aus den Mitgliedstaaten der Europäischen Gemeinschaft oder Vertragsstaaten des Abkommens über den Europäischen Wirtschaftsraum zur Einstellung,
3. die im alleinigen Interesse und Auftrag eines Arbeitgebers erfolgende Unterstützung bei der Selbstsuche nach Arbeitskräften.

Arbeitsförderungsgesetz (AFG)

§ 18
(Vermittlung von und nach dem Ausland)

(1) Die Anwerbung und Arbeitsvermittlung für eine Beschäftigung im Auslande als Arbeitnehmer und die Anwerbung im Auslande sowie die Arbeitsvermittlung für eine Beschäftigung als Arbeitnehmer im Inlande führt die Bundesanstalt durch. Dritte bedürfen hierzu, sofern ihnen keine Erlaubnis nach § 23 erteilt ist, der vorherigen Zustimmung der Bundesanstalt. Diese entscheidet unter Berücksichtigung der schutzwürdigen Interessen deutscher Arbeitnehmer und der deutschen Wirtschaft nach Lage und Entwicklung des Arbeitsmarktes. Die Zustimmung kann mit Bedingungen und Auflagen erteilt werden.

(2) Die Rechtsvorschriften der Europäischen Gemeinschaften bleiben unberührt.

(3) Das Bundesministerium für Arbeit und Sozialordnung kann der Bundesanstalt für die Durchführung des Absatzes 1 sowie der von den Organen der Europäischen Gemeinschaften erlassenen Bestimmungen und der zwischenstaatlichen Vereinbarungen über die Anwerbung und Arbeitsvermittlung in den in Absatz 1 genannten Fällen Weisungen erteilen.

§ 23
(Erteilung von Erlaubnissen zur Arbeitsvermittlung)

(1) Arbeitsvermittlung durch Dritte ist nur mit einer Erlaubnis der Bundesanstalt zulässig.

(2) Einer besonderen Erlaubnis der Bundesanstalt bedarf die Arbeitsvermittlung für eine Beschäftigung im Ausland außerhalb der Europäischen Gemeinschaft oder eines anderen Vertragsstaates des Abkommens über den Europäischen Wirtschaftsraum als Arbeitnehmer und die Arbeitsvermittlung aus dem Ausland außerhalb der Europäischen Gemeinschaft oder eines anderen Vertragsstaates des Abkommens über den Europäischen Wirtschaftsraum für eine Beschäftigung als Arbeitnehmer im Inland. § 18 Abs. 1 Satz 3 ist entsprechend anzuwenden.

Rechtsgrundlagen der Personalvermittlung

(3) Eine Erlaubnis zur Arbeitsvermittlung ist zu erteilen, wenn der Antragsteller die erforderliche Eignung und Zuverlässigkeit besitzt, in geordneten Vermögensverhältnissen lebt und über angemessene Geschäftsräume verfügt. Ist der Antragsteller eine juristische Person oder Personengesellschaft, müssen für die Vermittlungstätigkeit verantwortliche, zuverlässige natürliche Personen bestellt werden, die die erforderliche Eignung besitzen. (neu gefasst) Die Erlaubnis kann unter Bedingungen erteilt sowie mit Auflagen oder einem Widerrufsvorbehalt verbunden werden, soweit dies zum Schutz der Stellen Suchenden und Stellenanbieter erforderlich ist.

(4) Die Erlaubnis wird auf Antrag erteilt; sie wird auf drei Jahre befristet. (neu gefasst) Auf Antrag wird sie unbefristet verlängert. Der Verlängerungsantrag kann frühestens 6 Monate vor Ablauf der Frist gestellt werden.

§ 23a
(Aufhebung von Erlaubnissen)

(1) Die Erlaubnis kann aufgehoben werden, wenn während eines Zeitraumes von länger als 2 Jahren eine Vermittlungstätigkeit nicht ausgeübt worden ist.

(2) Die Erlaubnis ist aufzuheben, wenn
  1. die Voraussetzungen zur Erteilung einer Erlaubnis von vornherein nicht vorgelegen haben oder später weggefallen sind,
  2. der Vermittler wiederholt oder in schwer wiegender Weise gegen gesetzliche Bestimmungen oder eine Auflage der Bundesanstalt verstoßen hat.

§ 23b
(Meldung statistischer Daten)

Wer mit Erlaubnis der Bundesanstalt Arbeitsvermittlung betreibt, hat ihr die statistischen Daten über Bewerber, offene Stellen und Vermittlungen zu melden, die für die Durchführung der Arbeitsmarktbeobachtung entsprechend § 6 erforderlich sind. § 7 ist entsprechend anzuwenden. Art und Umfang sowie

Arbeitsförderungsgesetz (AFG)

Tatbestände, Merkmale und Zeitpunkt der Meldungen bestimmt das Bundesministerium für Arbeit und Sozialordnung durch Rechtsverordnung.

§ 23 c
(Erhebung, Verarbeitung und Nutzung von Daten)

(1) Wer mit Erlaubnis der Bundesanstalt Arbeitsvermittlung betreibt, darf Daten über zu besetzende Stellen und über Stellen Suchende nur erheben, verarbeiten oder nutzen, soweit dies zur Arbeitsvermittlung erforderlich ist. Sind diese Daten personenbezogen oder Geschäfts- oder Betriebsgeheimnisse, darf er sie nur erheben, verarbeiten oder nutzen, soweit der Betroffene im Einzelfall nach Maßgabe des § 4 des Bundesdatenschutzgesetzes eingewilligt hat. Übermittelt der Erlaubnisinhaber diese Daten im Rahmen seiner Vermittlungstätigkeit einem Dritten, darf dieser sie nur zu dem Zweck verarbeiten oder nutzen, zu dem sie ihm befugt übermittelt worden sind.

(2) Nach Abschluss der Vermittlungstätigkeit sind die dem Erlaubnisinhaber zur Verfügung gestellten Unterlagen zurückzugeben; personenbezogene Daten sind zu löschen, soweit nicht gesetzliche Aufbewahrungspflichten oder ein berechtigtes Interesse des Erlaubnisinhabers entgegenstehen. Der Betroffene kann nach Abschluss der Vermittlungstätigkeit schriftlich anderes zulassen.

§ 24
(Vergütung für die Arbeitsvermittlung, Erlaubnisgebühr)

(1) Für die Vermittlung in Arbeit dürfen Vergütungen nur vom Arbeitgeber verlangt oder entgegengenommen werden, soweit durch Rechtsverordnung nichts anderes bestimmt ist.

(2) Die Bundesanstalt erhebt für die Bearbeitung eines Antrages auf Erteilung zur Arbeitsvermittlung eine Gebühr. Die Höhe der Gebühr beträgt für die Erteilung einer befristeten Erlaubnis 1.000 Deutsche Mark und für die Erteilung einer unbefristeten Erlaubnis 2.000 Deutsche Mark. Die Vorschriften des Verwaltungskostengesetzes sind anzuwenden.

RECHTSGRUNDLAGEN DER PERSONALVERMITTLUNG

§ 24a
(Nichtigkeit von Vereinbarungen)

Unwirksam sind

1. Vereinbarungen mit einem Vermittler, soweit dieser nicht eine entsprechende Erlaubnis der Bundesanstalt besitzt,
2. Vereinbarungen zwischen Vermittler und Arbeitnehmer über die Zahlung einer Vergütung, sofern dies nicht durch Rechtsverordnung zugelassen ist,
3. Vereinbarungen zwischen Vermittler und Arbeitgeber, wenn der Vermittler eine Vergütung mit einem Arbeitnehmer vereinbart oder von diesem entgegennimmt, obwohl dies nicht zulässig ist,
4. Vereinbarungen, die ausschließen sollen, dass ein Arbeitgeber oder ein Arbeitnehmer für die Arbeitsvermittlung andere Vermittler oder die Bundesanstalt in Anspruch nimmt.

§ 24b
(Auskunftspflichten der Erlaubnisinhaber, Befugnisse der BA)

(1) Der Vermittler hat der Bundesanstalt auf Verlangen die Auskünfte zu erteilen, die zur Durchführung und Überprüfung der Einhaltung der Bestimmungen der §§ 23 bis 24a und der nach § 24c ergangenen Rechtsverordnung erforderlich sind. Er hat auf Verlangen der Bundesanstalt die geschäftlichen Unterlagen vorzulegen, aus denen sich die Richtigkeit seiner Angaben ergibt.

(2) Soweit es zur Durchführung der Überprüfung nach Absatz 1 erforderlich ist, sind die von der Bundesanstalt beauftragten Personen befugt, Geschäftsräume der Vermittler während der üblichen Geschäftszeiten zu betreten. Der Vermittler hat die Maßnahmen nach Satz 1 zu dulden.

(3) Der Vermittler kann die Auskunft auf solche Fragen verweigern, deren Beantwortung ihn selbst oder einen der in § 383 Abs. 1 Nr. 1 bis 3 der Zivilprozessordnung bezeichneten Angehörigen der Gefahr strafrechtlicher Verfolgung oder eines Verfahrens nach dem Gesetz über Ordnungswidrigkeiten aussetzen würde.

Arbeitsvermittlerverordnung (AVermV)

Eine exaktere Beschreibung zur Verfahrensweise gibt die folgende Arbeitsvermittlerverordnung wieder, die speziell zur Regelung der Tätigkeit der privaten Stellenvermittler geschaffen wurde:

Verordnung über Arbeitsvermittlung durch private Arbeitsvermittler (Arbeitsvermittlerverordnung – AVermV)

Erster Abschnitt
Erlaubnisverfahren, Erlaubniserteilung

§ 1
Antragserfordernis

Die Erlaubnis zur Arbeitsvermittlung wird von der Bundesanstalt für Arbeit (Bundesanstalt) auf Antrag erteilt. Für den Antrag ist ein Vordruck der Bundesanstalt zu verwenden.

§ 2
Inhalt des Antrages

(1) Der Antrag muss folgende Angaben zur Person, zur Zuverlässigkeit, zur Eignung und zu den vorgesehenen Geschäftsräumen enthalten:
1. Name und Anschrift des Antragstellers,
   a) bei natürlichen Personen Vor- und Familienname, gegebenenfalls Geburtsname, Geburtsdatum und Staatsangehörigkeit, Anschrift des Geschäftssitzes und der Zweigstellen, von denen aus Arbeitsvermittlung betrieben werden soll,
   b) bei juristischen Personen und Personengesellschaften Vor- und Familienname, gegebenenfalls Geburtsname, Geburtsdatum und Staatsangehörigkeit der Vertreter nach Gesetz, Satzung oder Gesellschaftsvertrag, Anschrift des Geschäftssitzes, der Zweigniederlassungen und unselbstständigen Zweigstellen, von denen aus Arbeitsvermittlung betrieben werden soll, Benennung der für die Arbeitsvermittlung Verantwortlichen.

2. Erklärung des Antragstellers oder der Vertreter nach Gesetz, Satzung oder Gesellschaftsvertrag sowie der für die Arbeitsvermittlung Verantwortlichen über
   a) Vorstrafen, anhängige Strafverfahren oder staatsanwaltliche Ermittlungsverfahren,
   b) Gewerbeuntersagungen sowie Widerrufe und Rücknahmen von Erlaubnissen innerhalb der letzten fünf Jahre oder eine entsprechende Erklärung dieser Personen, wenn sie ihren Wohnsitz oder gewöhnlichen Aufenthalt während dieser Zeit überwiegend im Ausland hatten.
3. Angaben des Antragstellers oder, bei juristischen Personen oder Personengesellschaften, der für die Arbeitsvermittlung Verantwortlichen, über eine berufliche Ausbildung oder ein Hochschulstudium und über Art und Dauer der bisherigen beruflichen Tätigkeit,
4. Angaben über die Anzahl der vorgesehenen Geschäftsräume und ihre Gesamtgröße.

(2) Dem Antrag sind folgende Unterlagen beizufügen
   1. für den Antragsteller oder für die Vertreter nach Gesetz, Satzung oder Gesellschaftsvertrag sowie für die für die Arbeitsvermittlung Verantwortlichen
      a) Nachweis über die Beantragung eines Führungszeugnisses für Behörden,
      b) Auskunft aus dem Gewerbezentralregister,
   2. für den Antragsteller Auskunft über Einträge gemäß § 915 der Zivilprozessordnung und § 107 der Konkursordnung im Schuldnerverzeichnis des Amtsgerichts, in dessen Bezirk er in den letzten fünf Jahren einen Wohnsitz oder eine gewerbliche Niederlassung hatte,
   3. Handelsregisterauszug oder Genossenschaftsregisterauszug, soweit zutreffend,
   4. bei juristischen Personen und Personengesellschaften der Gesellschaftsvertrag, die Satzung oder das Statut,
   5. für den Antragsteller oder, bei juristischen Personen und Personengesellschaften, für die für die Arbeitsvermittlung Verantwortlichen Nachweise über eine berufliche Ausbildung oder den Abschluss eines Hochschulstudiums und über Art und Dauer der bisherigen beruflichen Tätigkeit,

Arbeitsvermittlerverordnung (AVermV)

6. Beleg über die Einzahlung eines Kostenvorschusses für die Bearbeitung des Antrages.

Zu den Nummern 1 und 2 sind entsprechende Unterlagen beizufügen, wenn der Antragsteller oder die sonst in Nummer 1 genannten Personen ihren Wohnsitz oder gewöhnlichen Aufenthalt in den letzten fünf Jahren überwiegend im Ausland hatten.

(3) Ist der Antragsteller eine juristische Person des öffentlichen Rechts, sind nur die Angaben nach Absatz 1 Nr. 1 Buchstabe b, ferner die Erklärungen und Angaben nach Absatz 1 Nr. 2 und 3 und die Unterlagen nach Absatz 2 Nr. 1 und 5 für die für die Arbeitsvermittlung Verantwortlichen sowie der Beleg nach Absatz 2 Nr. 6 erforderlich.

(4) In den Fällen des §10 Abs. 1 Satz 1 und Abs. 2 kann die Bundesanstalt verlangen, dass Personen, die beim Antragsteller als Vermittler tätig sind oder sein sollen, ihr die in den Absätzen 1 und 2 genannten Angaben über sich machen und Unterlagen beifügen. Der Antragsteller hat darauf hinzuwirken, dass die Vermittler der Bundesanstalt diese Angaben und Unterlagen vorlegen.

(5) Im Antrag sind ferner anzugeben
1. ob die Vermittlungstätigkeit auf bestimmte Berufe oder Personengruppen begrenzt wird und gegebenenfalls auf welche,
2. in welcher Region Arbeitsvermittlung betrieben werden soll.

(6) Wird bei einer juristischen Person oder einer Personengesellschaft nach Erteilung der Erlaubnis eine andere Person zur Vertretung nach Gesetz, Satzung oder Gesellschaftsvertrag berufen oder eine andere für die Arbeitsvermittlung verantwortliche Person bestellt, so ist sie unverzüglich der Bundesanstalt zu benennen. Die Angaben und Unterlagen über die Zuverlässigkeit und die Eignung sind beizufügen.

§3
Eignung

(1) Die zur Arbeitsvermittlung erforderliche Eignung besitzt, wer auf Grund seiner Kenntnisse und Erfahrungen fachkundig im Interesse sowohl der Arbeitgeber als auch der

Rechtsgrundlagen der Personalvermittlung

Arbeit Suchenden tätig werden kann. Diese Voraussetzungen erfüllt in der Regel, wer

1. mindestens drei Jahre beruflich Aufgaben des Personalwesens, der Arbeitsvermittlung, Personalberatung oder Arbeitnehmerüberlassung wahrgenommen hat oder
2. mindestens drei Jahre berufstätig war und eine nach dem Berufsbildungsgesetz, Handwerksordnung oder sonstigem Bundes- oder Landesrecht anerkannte Berufsausbildung oder ein Hochschulstudium abgeschlossen hat.

(2) Wer eine dem Absatz 1 Nr. 2 nicht entsprechende Ausbildung nachweisen kann, die ihn zu einer bestimmten beruflichen Tätigkeit befähigt, und diese mindestens drei Jahre ausgeübt hat, erhält eine Erlaubnis nur für diesen Beruf.

(3) Die Berufstätigkeit darf ab Antragstellung nicht länger als zehn Jahre zurückliegen.

§ 4
Ausländische Antragsteller

Betreibt der Antragsteller in einem anderen Mitgliedstaat der Europäischen Gemeinschaft oder Vertragsstaat des Abkommens über den Europäischen Wirtschaftsraum erlaubt Arbeitsvermittlung und hat er seinen Geschäftssitz in diesem Staat, so gelten die Voraussetzungen des § 23 Abs. 3 des Arbeitsförderungsgesetzes als erfüllt. Beabsichtigt er, in der Bundesrepublik Deutschland eine Zweigniederlassung zu eröffnen, muss der Antrag jedoch die nach § 2 Abs. 1 und 2 erforderlichen Angaben und Unterlagen über die Zuverlässigkeit und die Eignung der in der Bundesrepublik Deutschland für die Arbeitsvermittlung Verantwortlichen und über die Geschäftsräume in der Bundesrepublik Deutschland enthalten.

§ 5
Auslandsvermittlung

Eine Erlaubnis zur Arbeitsvermittlung für eine Beschäftigung als Arbeitnehmer im Ausland außerhalb der Europäischen Gemeinschaft oder eines anderen Vertragsstaates des Abkommens über den Europäischen Wirtschaftsraum und zur Arbeitsvermittlung aus dem Ausland außerhalb der Europäischen Gemeinschaft oder eines anderen Vertragsstaates des Abkom-

Arbeitsvermittlerverordnung (AVermV)

mens über den Europäischen Wirtschaftsraum für eine Beschäftigung als Arbeitnehmer im Inland wird nur für folgende Berufe und Personengruppen erteilt:

1. Künstler und Artisten sowie deren Hilfspersonal,
2. Fotomodelle, Werbetypen, Mannequins und Dressmen,
3. Berufssportler und Berufstrainer,
4. Arbeitnehmer unter 25 Jahren für Au-pair-Beschäftigungen bis zu einem Jahr,
5. im Rahmen internationaler Austauschprogramme studentischer oder vergleichbarer Einrichtungen Schüler und Studenten für Ferienbeschäftigungen bis zu drei Monate oder für studienbezogene Fachpraktika bis zu sechs Monaten.

§ 6
Entscheidung über den Antrag

(1) Der Antrag ist der Bundesanstalt zugegangen, wenn der Antragsteller alle nach § 2 vorgesehenen Angaben gemacht und alle Unterlagen eingereicht hat; die nach § 2 Abs. 2 Nr. 1 beantragten Führungszeugnisse müssen der Bundesanstalt zugegangen sein. Die Bundesanstalt hat den Antragsteller über den Zugang des Antrages zu benachrichtigen. Stehen einzelne Angaben oder Unterlagen noch aus, ist aber zu erwarten, dass dem Antrag stattgegeben werden kann, so kann eine vorläufige oder bedingte Erlaubnis erteilt werden.

(2) Mit der Bearbeitung des Antrages dürfen nicht Organisationseinheiten oder Bedienstete betraut werden, die Aufgaben der Arbeitsvermittlung oder Arbeitsberatung wahrnehmen.

(3) In den Fällen des § 10 Abs. 1 Satz 1 und Abs. 2 soll die Bundesanstalt die Verbände der beteiligten Arbeitgeber, der Arbeitnehmer und der Arbeitsvermittler hören.

(4) Die Entscheidung über den Antrag ist dem Antragsteller schriftlich mitzuteilen und mit einer Rechtsbehelfsbelehrung zu versehen.

§ 7
Erlaubnisschein

Über die Erlaubnis wird auf den Antragsteller als den Erlaubnisinhaber ein Erlaubnisschein ausgestellt. Er weist aus

Rechtsgrundlagen der Personalvermittlung

1. die Anschriften des Geschäftssitzes, der Zweigniederlassungen und unselbstständigen Zweigstellen,
2. für welche Berufe oder Personengruppen und
3. in welcher Region der Erlaubnisinhaber Arbeitsvermittlung betreiben darf.

§8
Umfang der Erlaubnis

(1) Der Erlaubnisinhaber ist befugt, in dem durch den Erlaubnisschein ausgewiesenen Umfang Arbeitsvermittlung zu betreiben.

(2) Vermittelt der Erlaubnisinhaber einen ausländischen Arbeitnehmer, der zur Ausübung einer Beschäftigung einer Erlaubnis nach §19 des Arbeitsförderungsgesetzes bedarf, hat er den Arbeitnehmer und den Arbeitgeber darauf hinzuweisen, dass die Beschäftigung erst dann aufgenommen werden darf, wenn das Arbeitsamt die Arbeitserlaubnis erteilt hat.

(3) Der Erlaubnisinhaber hat der Bundesanstalt die Verlegung und Schließung des Geschäftssitzes sowie die Errichtung, Verlegung und Schließung von Zweigniederlassungen und unselbstständigen Zweigstellen vorher anzuzeigen.

Zweiter Abschnitt
Vergütungen

§9
Leistung von Vergütungen durch Arbeitgeber

Für die Vermittlung in Arbeit dürfen Vergütungen nur vom Arbeitgeber verlangt oder entgegengenommen werden, soweit nicht in §10 etwas anderes zugelassen wird. Werden Vergütungen nur mit dem Arbeitgeber vereinbart, sind §§11 bis 13 nicht anzuwenden.

§10
Leistung von Vergütungen durch Arbeitnehmer

(1) Für die Vermittlung in eine Tätigkeit als
1. Künstler, Artist,
2. Fotomodell, Werbetyp, Mannequin und Dressman,
3. Doppelgänger, Stuntman, Discjockey

dürfen Vergütungen auch vom Arbeitnehmer verlangt oder entgegengenommen werden. Dies gilt nicht für die Vermittlung von Darstellern für Spielfilme, Fernsehfilme, Fernsehspiele und Werbefilme mit Hilfe von produktspezifischen Probeaufnahmen (Video-Layouts), die für potenzielle Arbeitgeber hergestellt werden (Casting-Auftrag), ferner für die Vermittlung von Dirigenten, Musikern, Sängern und Chören für Aufnahmen auf Tonträger in Musikstudios (Musikproduktionen) sowie für Kleindarsteller, Statisten und Komparsen.

(2) Außerdem dürfen für die Vermittlung in Arbeit Vergütungen von
1. Berufssportlern,
2. Personen, die in Au-pair-Arbeitsverhältnissen tätig werden,

verlangt oder entgegengenommen werden.

(3) Werden für Vermittlungen nach Absatz 1 oder 2 Vergütungen vom Arbeitnehmer verlangt oder entgegengenommen, sind die Bestimmungen der §§ 11 bis 13 anzuwenden.

§ 11
ANSPRUCHSVORAUSSETZUNGEN, UMFANG DER VERGÜTUNGEN

(1) Der Erlaubnisinhaber ist verpflichtet, die Vergütung schriftlich zu vereinbaren.

(2) Der Erlaubnisinhaber darf die Vergütung nur verlangen oder entgegennehmen, wenn der Arbeitsvertrag infolge seiner Vermittlungstätigkeit zu Stande gekommen ist. Bei der Arbeitsvermittlung ins Ausland darf er die Vergütung nur verlangen oder entgegennehmen, wenn der Arbeitnehmer von der Behörde des Landes, in das dieser vermittelt wird, die Erlaubnis zur Arbeitsaufnahme erhalten hat, sofern eine Erlaubnis erforderlich ist. Der Erlaubnisinhaber darf keine Vorschüsse auf die Vergütung verlangen oder entgegennehmen.

(3) Die Vergütung ist auf der Grundlage des dem vermittelten Arbeitnehmer zustehenden Arbeitsentgelts zu berechnen. Für die Ermittlung des Arbeitsentgelts sind die §§ 14 und 17a des Vierten Buches Sozialgesetzbuch sowie die Arbeitsentgeltverordnung und die jeweils geltende Sachbezugsverordnung anzuwenden.

(4) Eine über die Vergütung hinausgehende Erstattung tatsächlicher Auslagen kann vereinbart werden, wenn sie die üblichen Kosten übersteigen, auf Verlangen des Auftraggebers entstanden sind und ihre entsprechende Verwendung nachgewiesen wird. Für Post- und Fernmeldegebühren sowie Fotokopierkosten kann der Erlaubnisinhaber einen Pauschbetrag in Höhe der durchschnittlich dafür anfallenden Aufwendungen, höchstens jedoch 30 Deutsche Mark verlangen.

(5) Der Erlaubnisinhaber hat Anspruch auf Ersatz der auf seine Vergütung und seine Auslagen entfallenden Umsatzsteuer, sofern sie nicht nach § 19 Abs. 1 des Umsatzsteuergesetzes unerhoben bleibt.

(6) Der Anspruch auf die Vergütung und auf die nach Absatz 4 vereinbarte Erstattung entfällt nicht, wenn der Arbeitsvertrag vor Arbeitsantritt gelöst oder das Arbeitsverhältnis vorzeitig beendet wird. Die Vertragspartner können eine abweichende Vereinbarung treffen.

§ 12
Höhe der von Arbeitnehmer zu zahlenden Vergütung

(1) Der Erlaubnisinhaber darf eine Vergütung nur bis zu einer Höhe von 12 vom Hundert des dem vermittelten Arbeitnehmer zustehenden Arbeitsentgelts verlangen oder entgegennehmen. Bei der Vermittlung in Arbeitsverhältnisse von länger als zwölf Monaten darf er eine Vergütung bis zu einer Höhe von 12 vom Hundert des Arbeitsentgelts für zwölf Monate verlangen oder entgegennehmen.

(2) Für die Vermittlung in Arbeitsverhältnisse bis zu einer Dauer von sieben Tagen darf der Erlaubnisinhaber eine Vergütung bis zu einer Höhe von 15 vom Hundert des dem vermittelten Arbeitnehmer zustehenden Arbeitsentgelts verlangen oder entgegennehmen.

(3) Bei der Vermittlung von Personen in Au-pair-Arbeitsverhältnisse darf der Erlaubnisinhaber eine Vergütung von höchstens 300 Deutsche Mark verlangen oder entgegennehmen.

(4) Verlangt oder nimmt der Erlaubnisinhaber Vergütungen sowohl vom Arbeitnehmer als auch vom Arbeitgeber ent-

Arbeitsvermittlerverordnung (AVermV)

gegen, darf die Gesamtvergütung die nach den Absätzen 1 und 2 zulässige Höhe nicht überschreiten. Das Gleiche gilt, wenn der Erlaubnisinhaber bei der Arbeitsvermittlung mit einem anderen Arbeitsvermittler zusammenarbeitet.

(5) Führt der Erlaubnisinhaber Veranstaltungen auf eigenes Wagnis (Unternehmer) oder für Rechnung eines Auftraggebers (Veranstaltungsbesorger) durch, darf er von den mitwirkenden Arbeitnehmern keine Vergütungen verlangen oder entgegennehmen.

§ 13
Vereinbarung weiterer Leistungen mit dem Arbeitnehmer

(1) Werden mit dem Arbeitnehmer außer der Arbeitsvermittlung weitere Leistungen vereinbart, für die Vergütungen gezahlt werden sollen, sind sie schriftlich einzeln zu benennen. Die Vergütungen dafür sind getrennt von der Vergütung für die Arbeitsvermittlung schriftlich zu vereinbaren und abzurechnen.

(2) Ist der Erlaubnisinhaber vertraglich verpflichtet, den Arbeitnehmer ständig umfassend zu beraten und zu betreuen, kann eine die Arbeitsvermittlung umfassende Vergütung vereinbart werden. Die Vergütung für die Arbeitsvermittlung ist gesondert auszuweisen.

Dritter Abschnitt
Ordnungswidrigkeiten

§ 14

Ordnungswidrig nach § 228 Abs. 1 Nr. 6 des Arbeitsförderungsgesetzes handelt, wer als Erlaubnisinhaber vorsätzlich oder fahrlässig

1. entgegen § 11 Abs. 1 bei der Vereinbarung einer Vergütung mit dem Arbeitnehmer die Schriftform nicht einhält,
2. entgegen § 11 Abs. 2 vom Arbeitnehmer eine Vergütung verlangt, wenn kein Arbeitsvertrag infolge seiner Vermittlungstätigkeit zu Stande gekommen ist, oder Vorschüsse auf die Vergütung verlangt oder entgegennimmt,
3. vom Arbeitnehmer eine höhere Vergütung verlangt oder entgegennimmt als nach § 12 zulässig ist.

> **Vierter Abschnitt**
> **Schlussbestimmungen**
>
> **§ 15**
> **Auskunftserteilung durch Dritte**
>
> Wird die Abrechnung und der Einzug der Vergütungen für die Arbeitsvermittlung im Auftrag des Erlaubnisinhabers von einem Dritten (Service-Unternehmen) durchgeführt, hat der Erlaubnisinhaber sicherzustellen, dass der Dritte die nach § 24b des Arbeitsförderungsgesetzes erforderlichen Auskünfte erteilt und Unterlagen vorlegt.
>
> **§ 16**
> **Inkrafttreten, Ausserkrafttreten**
>
> Diese Verordnung tritt am 1. April 1994 in Kraft. Gleichzeitig tritt die Arbeitsvermittlergebührenverordnung vom 25. April 1979 (BGBl. I S. 506), geändert durch die Verordnung vom 21. März 1980 (BGBl. I S. 345), außer Kraft. Die bisher geltenden Vorschriften finden auf Vermittlungen, die vor In-Kraft-Treten dieser Verordnung zu Stande gekommen sind, und auf Anschlussverträge im Sinne des § 11 der Arbeitsvermittlergebührenverordnung weiter Anwendung.

4 Entwicklung der Personalvermittlung in Deutschland

In vielen europäischen und auch außereuropäischen Ländern war die Stellenvermittlung durch private Unternehmen nie eingeschränkt und in den meisten Fällen auch an die Tätigkeit von Zeitarbeitsunternehmen gekoppelt. Die deutsche Wirtschaft aber muss sich augenscheinlich erst langsam an diese neue Möglichkeit der Personalrekrutierung gewöhnen.

Am schnellsten reagierten die Unternehmer, die selbst als Vermittler fungieren wollten. Bereits Ende 1994, also nicht einmal ein halbes Jahr nach der Freigabe der privaten Arbeitsvermittlung, gab es fast 2.000 lizenzierte private Stellenvermittler in Deutschland. Diese Erlaubnisinhaber waren

Entwicklung der Personalvermittlung in Deutschland

etwa zur Hälfte auch in der Arbeitnehmerüberlassung tätig, die andere Hälfte kam aus artverwandten Bereichen der Wirtschaft (z. B. Personal- und Unternehmensberatung) oder hatte zuvor gar keine selbstständige Tätigkeit ausgeübt. Dazu addierten sich einige hundert Antragsteller, deren Anträge bis zum Jahresende 1994 noch nicht abschließend bearbeitet werden konnten.

Auch die Bundesanstalt für Arbeit war zunächst mit dieser Antragsflut überfordert. Auf Grund der relativen Kürze der Zeit zwischen der Verabschiedung der Gesetzesänderung und dem tatsächlichen Inkrafttreten der Freigabe zur privaten Stellenvermittlung waren zeitweise noch nicht einmal die zuständigen Referate in den einzelnen Landesarbeitsämtern gebildet und die Antragsvordrucke wurden knapp.

Diese hohe Zahl an »Schnellschüssen«, was die Beantragung einer Erlaubnis zur Arbeitsvermittlung angeht, zeigt deutlich, dass viele Personen eine regelrechte Marktlücke erkannten und demnach der privaten Personalvermittlung in Deutschland große Chancen einräumten.

Diese Einschätzung trifft auch noch heute zu. Allerdings hat sich gezeigt, dass sich die Auftraggeber in der Wirtschaft offenbar erst langsam an diese für Deutschland neue Form der Personaldienstleistung gewöhnen müssen. Nicht wenige der ausschließlich auf die Personalvermittlung ausgelegten Unternehmen mussten in den ersten Jahren bereits wieder ihren Geschäftsbetrieb einstellen, da die Vermittlungszahlen (und damit die Umsätze) keinen Kosten deckenden Rahmen erreichten.

Die Auftraggeber in der Wirtschaft nutzen die neue Personaldienstleistung noch zögerlich

Bei den Firmen, die die Arbeitnehmerüberlassung und die Personalvermittlung kombinieren (was durchaus sinnvoll ist), hinkten die Umsatzzahlen aus der Vermittlung denen aus der Zeitarbeit zumeist erheblich hinterher, obwohl immerhin von Jahr zu Jahr eine kontinuierliche Steigerung erkennbar ist.

Auch wenn im Jahr 1996 35.800 private Arbeitsvermittlungen (lediglich 4.500 davon in den östlichen Bundesländern) an die Landesarbeitsämter gemeldet wurden, erscheint diese Zahl vergleichsweise gering, wenn man bedenkt, dass es zu diesem Zeitpunkt bereits weit mehr als 3.000 Erlaubnisinhaber gab. Das bedeutet demzufolge, dass der Durchschnitt

1996 wurden von rund 3000 Erlaubnisinhabern 34.800 private Arbeitsvermittlungen gemeldet

Entwicklung der Personalvermittlung in Deutschland

pro lizenzierten Arbeitsvermittler in Bezug auf die erfolgreichen Vermittlungen in diesem Kalenderjahr etwa bei zehn lag. Zu bedenken ist ferner, dass die Erlaubnisinhaber zum Teil mehrere Niederlassungen unterhalten und dass nicht wenige Vermittlungen aus der Übernahme von Zeitarbeitnehmern resultieren. Berücksichtigt man diese Umstände, kommt man schnell zu der Erkenntnis, dass die ersten drei Jahre privater Stellenvermittlung in Deutschland nicht ausgereicht haben, um die Personalentscheidungsträger in den Unternehmen komplett zum Umdenken (weg von den selbst geschalteten Stelleninseraten und dem eigenen Auswahlverfahren) zu bewegen. Das wäre aber wahrscheinlich auch zu viel verlangt, denn »gut Ding will bekanntlich Weile haben«.

Der allgemeine Tenor der Branche ist derzeit durchaus optimistisch. Das heißt, das vorhandene Wachstumspotenzial wird allgemein als gut eingeschätzt. Von der Prognose einer wahren Umsatzexplosion im Bereich der Personaldienstleistungen in den ersten Jahren des Wegfalls des Vermittlungsmonopols der Bundesanstalt ist man inzwischen aber abgekommen.

5 Vorteile und Risiken für ein Kundenunternehmen

Honorar ist nur im Erfolgsfall zu zahlen

Einer der großen Vorteile der privaten Stellenvermittlung liegt auf der Hand: Ein Honorar ist nur im Erfolgsfall zu zahlen, das heißt, wenn die gewünschte Arbeitskraft auch tatsächlich auf Grund der Tätigkeit des Personalvermittlers gefunden und eingestellt wurde. Nebenkosten, die grundsätzlich bezahlt werden müssen, werden (wenn überhaupt) im Regelfall nur für die tatsächlich entstehenden Auslagen (zum Beispiel für Zeitungsinserate) berechnet und müssen zudem vorher vereinbart werden.

Ein weiterer entscheidender Vorteil ist natürlich der weitaus geringere Eigenaufwand bei der Personalrekrutierung, was besonders bei Unternehmen mit keinem oder nur einem kleinen Personalbüro ein sehr wichtiger Punkt ist. Hierbei ist aber zu beachten, dass die an den Vermittler gestellten Anforderungen (Leistungsumfang) durch den Auftraggeber sehr

Vorteile und Risiken für ein Kundenunternehmen

genau definiert werden müssen, damit keine Missverständnisse aufkommen.

Wenn der Personalvermittler sein Handwerk versteht und ein kompletter Service (inklusive Auswahlverfahren) vereinbart wird, hat der Auftraggeber in vielen Fällen zwar selbst die letzte Entscheidung zwischen einigen wenigen Bewerbern, die grundsätzliche Eignung der vorgestellten Personen wird aber in jedem Fall vorhanden sein.

Im Falle eines kompletten Service muss der Auftraggeber nur zwischen wenigen grundsätzlich geeigneten Bewerbern entscheiden

Um so wichtiger ist es daher, sich für den richtigen Stellenvermittler zu entscheiden. Umfangreiche Erfahrungen in der Personalarbeit und -auswahl dürfen hierbei in jedem Fall vorausgesetzt werden. Da es keine fachlichen Zulassungsbedingungen seitens der Erlaubnisbehörde gibt (vgl. Teil B; Kap. 7), sollte man sich selbst ein Urteil über die Kompetenz, die Erfahrung und das Urteilsvermögen des betreffenden Stellenvermittlers bilden. Seine Antworten auf kritische Fragen in Bezug auf das genaue Auswahlverfahren lassen sehr schnell erkennen, ob er ähnliche Bewertungskriterien anlegt wie man selbst und ob seine Bemühungen Erfolg versprechend sein werden.

Zu bedenken ist ferner, dass die Honorare im Bereich der privaten Stellenvermittlung ebenso wie in der Zeitarbeit frei zu verhandeln sind. Ein Auftraggeber sollte versuchen, den zeitlichen Aufwand des Personalvermittlers sowie seine Auslagen zu schätzen und den Preis am Ergebnis dieser Schätzung zu orientieren. Das Risiko des Personalvermittlers wächst proportional mit der Qualifikation des gesuchten Mitarbeiters. Das heißt, die Chance zu einer erfolgreichen Vermittlung (und damit zu seinem Honorar) nimmt ab, wenn es sich um eine besonders rare Mitarbeiterqualifikation handelt. Deshalb ist es verständlich, dass die Vermittler in vielen Fällen eine Staffel unter Berücksichtigung der Gehaltshöhe des Mitarbeiters vornehmen.

Honorare werden frei verhandelt

Vielfach üblich ist eine Staffelung des Vermittlungshonorars auf Basis der Gehaltshöhe des gesuchten Mitarbeiters

Im Durchschnitt bewegt sich das Vermittlungshonorar, quer über alle Qualifikationen und Berufsgruppen, bei etwa 1,5 Bruttomonatsgehältern oder ca. 10% des Bruttojahresverdienstes des vermittelten Arbeitnehmers.

Kritisch sollte der Auftraggeber eines Personalvermittlers dann werden, wenn die vorgestellten Bewerber allzu perfekt

Vorteile und Risiken für ein Kundenunternehmen

auf die im Abschlussgespräch gestellten Fragen antworten und sich dabei zu hundert Prozent auf die geforderten Anforderungen einstellen oder wenn gerade in den letzten Jahren ein zu häufiger Stellenwechsel des Bewerbers stattgefunden hat.

Einige Personalvermittler versuchen nämlich, einer nicht so perfekten Eignung »ihrer« Bewerber durch eine besonders gute Gesprächsvorbereitung vorzubeugen. Und auch den konkreten Fall eines Bewerbers, der innerhalb eines Jahres dreimal seine Tätigkeit wechselte und dabei immer wieder vom gleichen Personalvermittler betreut wurde, gibt es. Gehen wir aber davon aus, dass es sich hierbei um einen Einzelfall handelt und dass keine Methode dahinter steckt.

Diese Praktiken stellen somit nicht den gesamten Berufsstand der Personalvermittler in Frage, sondern geben lediglich besonderen Anlass, den Vermittler sorgfältig auszuwählen.

Wenn es trotzdem Zweifel an der endgültigen Eignung eines vorgeschlagenen Bewerbers gibt, bleibt noch immer die Möglichkeit, die betreffende Person zunächst im Rahmen der Arbeitnehmerüberlassung zu testen. Dies setzt aber zwei Dinge voraus: Zum einen muss der Personalvermittler auch über eine gültige Erlaubnis zur Arbeitnehmerüberlassung verfügen und zum anderen muss der Bewerber mit diesem Weg einverstanden sein, was sicher nicht in allen Fällen als gegeben anzusehen ist.

6 Vorteile und Risiken für einen Arbeit Suchenden

Der Hauptvorteil für den Arbeit Suchenden an der Dienstleistung der privaten Arbeitsvermittler ist natürlich ihre Unentgeltlichkeit. Auch wenn sich ein Arbeit Suchender bei mehreren Personalvermittlern gleichzeitig in die Bewerberkartei aufnehmen lässt, kostet dies nichts. Genauso kann er parallel natürlich noch das Arbeitsamt einschalten, um in der Summe aller Dinge schnellstmöglich zum Erfolg zu kommen.

Vorteile und Risiken für einen Arbeit Suchenden

Um es noch einmal deutlich zu sagen: Die Gebührenerhebung von Arbeit Suchenden innerhalb der privaten Stellenvermittlung ist ohne Ausnahme nicht rechtmässig.

Sollte trotzdem ein Vermittler Gebühren verlangen, ist äußerste Vorsicht geboten und das Landesarbeitsamt sollte darüber informiert werden. Allerdings können besondere Leistungen, wie etwa Fotokopien in größerer Anzahl oder die Zusammenstellung einer kompletten Bewerbungsmappe, nach vorheriger Absprache berechnet werden. Viele Unternehmen bieten solche begleitenden Maßnahmen aber als kostenlosen Service mit an.

Ausnahmen von der grundsätzlichen Gebührenfreiheit bilden ausschließlich die so genannten »besonderen« Berufsgruppen, bei denen durch den Vermittler eine Vergütung in Höhe von maximal 12 % des Jahresverdienstes erhoben werden kann. Zu diesen Berufsgruppen zählen Künstler, Artisten, Fotomodelle, Berufssportler und Stuntmen. Wenn ein privater Stellenvermittler diese Berufsgruppen vermittelt, muss er allerdings auch über eine »besondere« Erlaubnis des Landesarbeitsamtes verfügen.

Bei einer Vermittlung in Au-pair-Arbeitsverhältnisse darf der Erlaubnisinhaber eine Vergütung von maximal 300 DM vom Arbeitnehmer verlangen.

Trotz dieser grundsätzlichen Vorteile bezüglich der kostenlosen Dienstleistung für den Arbeitnehmer ist Vertrauen auch hier der Anfang aller Dinge. Das heißt: Wenn es irgendwelche Zweifel an der Zuverlässigkeit des Arbeitsvermittlers gibt, sollte man besser die Finger von einer Inanspruchnahme lassen. Dies gilt insbesondere für Arbeit Suchende, die zur Zeit der Bewerbung noch in einem ungekündigten Beschäftigungsverhältnis stehen. Mangelnde Diskretion kann in einem solchen Fall natürlich einiges zerstören.

Steht der Arbeitsuchende noch in einem Beschäftigungsverhältnis, sollte er besonders auf Diskretion achten

Wenn der private Stellenvermittler aber, wie mit Sicherheit die Mehrheit der Erlaubnisinhaber, einen integren Eindruck macht, gibt es weitere Vorteile, die nicht von der Hand zu weisen sind. So überarbeitet der Personalvermittler im Normalfall die Bewerbungsunterlagen und gibt Tipps zu mögli-

Professionelle Überarbeitung der Bewerbungsunterlagen durch den Personalvermittler

VORTEILE UND RISIKEN FÜR EINEN ARBEITSUCHENDEN

chen Verbesserungen. Ferner wird man im Regelfall zum Bewerbungsgespräch begleitet und hat somit in einer solchen (für viele Menschen nicht besonders angenehmen) Situation zumindest eine Person dabei, die man bereits kennt und zu der man (hoffentlich) auch Vertrauen hat. Selbst wenn es auf Anhieb nicht mit einer Einstellung für den Wunscharbeitsplatz klappen sollte, sammelt man zudem wertvolle Erfahrungen im Umgang mit Personalentscheidern. Um daraus auch die notwendigen Schlüsse für die Zukunft zu ziehen, sollte ein solches Bewerbungsgespräch im Nachhinein aber immer mit dem Personalvermittler ausgewertet werden.

Auswertung von Bewerbungsgesprächen

Sollte man einmal einen Vorstellungstermin nicht einhalten können, darf der Vermittler im Übrigen auch keinen Schadensersatz oder eine Vertragsstrafe in Rechnung stellen. Natürlich gebietet es aber schon der Anstand, dass man als Arbeit Suchender mit einem festen Vorstellungstermin die betroffenen Parteien (also im Normalfall den Arbeitgeber, bei dem das Gespräch stattfinden soll, und den Personalvermittler, zumindest aber einen von beiden) rechtzeitig über ein Fernbleiben informiert.

7 WER KANN PERSONALVERMITTLER WERDEN?

Erlaubnis des zuständigen Landesarbeitsamtes

Voraussetzung für die Ausübung der Tätigkeit des Personalvermittlers ist, wie bereits erwähnt, das Vorliegen der entsprechenden Erlaubnis, die vom zuständigen Landesarbeitsamt erteilt wird. Diese Erlaubnis wird zunächst befristet für drei Jahre ausgestellt. Sie kann nach diesen drei Jahren unbefristet erteilt werden, wenn die entsprechenden Voraussetzungen vorliegen.

Laut Gesetz und der entsprechenden Rechtsverordnung (vgl. Teil B; Kap. 3) muss ein privater Stellenvermittler die erforderliche Zuverlässigkeit besitzen, um seine Aufgabe ordnungsgemäß erfüllen zu können. Leider stellt der Gesetzgeber keine weiteren Anforderungen hinsichtlich einer einschlägigen Berufserfahrung (beispielsweise im Personalwesen), was im Übrigen auch vom Bundesverband Personalvermittlung (BPV) bemängelt wird, sodass die bei einer Antrags-

Wer kann Personalvermittler werden?

tellung beizubringenden Unterlagen zunächst einmal relativ komplex wirken, letztlich aber vom überwiegenden Teil der arbeitenden Bevölkerung in Deutschland theoretisch problemlos beigebracht werden könnten.

Der Antragsteller benötigt ein Führungszeugnis der Belegart O (für Behörden) und einen Auszug aus dem Gewerbezentralregister. Ferner muss er eine Auskunft über etwaige Eintragungen im Schuldnerverzeichnis des zuständigen Amtsgerichtes (einmal gemäß der Zivilprozessordnung und einmal gemäß Konkursverordnung) vorlegen.

Immerhin muss er auch eine Berufsausbildung abgeschlossen haben oder einen Nachweis über den Abschluss eines Hochschul- oder Fachhochschulstudiums erbringen. Bezüglich seiner Berufserfahrung genügt es aber, wenn er drei Jahre berufliche Tätigkeit, egal in welchem Bereich, belegen kann.

Die Ausstellung einer Erlaubnis zur Arbeitsvermittlung ist nicht kostenlos. Bereits mit der Antragseinreichung (zu verwenden ist ein spezieller Vordruck, der bei den Landesarbeitsämtern erhältlich ist) muss ein Kostenvorschuss in Höhe von 1.000 DM geleistet werden, damit der Antrag überhaupt bearbeitet wird.

Die Landesarbeitsämter benötigen zur Zeit etwa sechs bis acht Wochen für die Bearbeitung der eingehenden Anträge und für die Ausstellung einer Erlaubnis zur Personalvermittlung.

8 Der Bundesverband Personalvermittlung (BPV e.V.)

Ähnlich wie im Bereich der Zeitarbeit haben sich auch einige Personalvermittler frühzeitig zur Gründung einer entsprechenden Interessenvertretung zusammengeschlossen. Dies verwundert auch insofern nicht, als dass es sich auch hier bei den Gründungsmitgliedern um die tragenden Säulen des Bundesverbandes Zeitarbeit handelt.

Konkret wurde diese Gründung des BPV e.V. bereits am 03.03.94, also bereits einige Zeit vor der Freigabe der privaten Stellenvermittlung in Deutschland, vorgenommen.

DER BUNDESVERBAND PERSONALVERMITTLUNG

Die Geschäftsstelle des Verbandes ist unter der folgenden Anschrift und Telefonnummer zu erreichen:

- Bundesverband Personalvermittlung (BPV e.V.)
  Vorgebirgsstraße 39
  53119 Bonn
  Tel. (02 28) 63 00 78
  Fax (02 28) 65 95 82

Der BPV e.V. hat für seine Mitgliedsfirmen spezielle Grundsätze für die Berufsausübung als Personalvermittler erlassen. Diese Richtlinien geben zum großen Teil aber die ohnehin in der Arbeitsvermittlerverordnung (vgl. Teil B, Kap. 3) erlassenen Normen wieder.

Die Mitgliederzahl des Bundesverbandes beläuft sich zur Zeit auf etwa 80 Unternehmen mit mehr als 500 Betrieben (Niederlassungen).

Schlusswort

In der Zeitarbeit Möglichkeiten sehen, Chancen nutzen, Risiken erkennen und Fehltritte vermeiden: Das war und ist die Zielsetzung dieses Buches.

Die Arbeitnehmerüberlassung wird auch weiterhin einen nicht unwesentlichen Platz in unserer Arbeitswelt einnehmen und hoffentlich dazu beitragen, den Arbeitsmarkt zu beleben und sowohl den Arbeit Suchenden als auch den Unternehmen Perspektiven zu bieten.

Es bleibt zu hoffen, dass die Zeitarbeitsbranche insgesamt den mitunter noch immer faden Beigeschmack, der pauschal (auch nach Ansicht der offiziellen Stellen) seit langem nicht mehr gerechtfertigt ist, ablegen kann.

Die Schaffung weiterer überbetrieblicher Arbeitsplätze sollte, ebenso wie die Schaffung konventioneller Arbeitsplätze, zu einer wichtigen Aufgabe werden.

Die gesetzgebenden Organe in Deutschland haben in der letzten Zeit geholfen, die Zeitarbeit weiter zu liberalisieren. Allerdings gibt es weiter reichende Wünsche der Zeitarbeitsunternehmen, der Verbände, aber auch der Zeitarbeitnehmer selbst.

Hauptkritikpunkte sind das Verbot der Arbeitnehmerüberlassung für gewerbliche Mitarbeiter in das Bauhauptgewerbe und die maximale Überlassungsdauer, die zwar kontinuierlich erhöht wurde, für die es aber nach Meinung von Experten überhaupt keine Notwendigkeit gibt.

Im Hinblick auf die Gesetzgebung in anderen Ländern (auch und gerade innerhalb der EU) gibt es hier in unserem Land tatsächlich noch genügend Potenzial für eine Ausweitung der Möglichkeiten innerhalb der Zeitarbeit.

Natürlich stellt die Schwarzarbeit in der Baubranche ein ernstes Problem dar. Parallel muss man sich aber die Frage stellen, ob ein Wegfall des Überlassungsverbotes im Bauhauptgewerbe die unkontrollierte Schwarzarbeit und den Abschluss von »Scheinwerkverträgen« nicht erheblich mindern würde, da die Bauunternehmen dann die Möglichkeit hätten, Arbeitskräfte bei lizenzierten Zeitarbeitsunternehmen zu rekrutieren.

Schlusswort

Voraussetzung wäre, dass die Landesarbeitsämter ihrer Überwachungstätigkeit auch weiterhin konsequent nachkommen. Hier sitzen Spezialisten, die diesen Markt teilweise schon seit mehreren Jahren oder gar Jahrzehnten kennen und die in der Lage sind, »schwarze Schafe« herauszufiltern und ihnen das Handwerk zu legen. Allerdings gibt es in den zuständigen Referaten der Landesarbeitsämter das Problem der personellen Unterbesetzung wie in vielen anderen Behörden auch.

Der in den letzten zehn Jahren kräftig gestiegenen Zahl an Erlaubnisanträgen und -inhabern nach dem AÜG steht (nach Meinung von leitenden Mitarbeitern der LAÄ) eine viel zu geringe Zahl an Bearbeitern gegenüber, die deren Tätigkeit überwachen sollen. Auch wenn man berücksichtigt, dass die Lockerungen in der Gesetzgebung bewirkt haben, dass die Zeitarbeitsunternehmen »weniger Chancen haben, Fehler zu machen«, gibt es hier eine Diskrepanz.

Die Personalvermittlung als neue Dienstleistung innerhalb der Privatwirtschaft benötigt offenbar noch einige Zeit, um sich in Deutschland fest zu etablieren. Ein positiver Trend ist jedoch bereits absehbar. Unternehmen und Arbeit Suchende müssen sich aber noch stärker als bisher daran gewöhnen, dass die öffentliche Arbeitsverwaltung effektive Wettbewerber erhalten hat, so wie es der Gesetzgeber mit der Freigabe der privaten Stellenvermittlung im Arbeitsförderungsgesetz ausdrücklich gewollt hat.

Bei Berücksichtigung der kritischen Anmerkungen und Checklisten in diesem Buch sollte es jedem Einzelnen im Bedarfsfall möglich sein, sowohl aus der Arbeitnehmerüberlassung als auch aus der Personalvermittlung persönliche Vorteile zu ziehen, egal, ob als Entscheidungsträger in einem Unternehmen mit Personalbedarf oder als Arbeit Suchender.

Anschriften der Landesarbeitsämter

- Hauptstelle der Bundesanstalt f. Arbeit
  Regensburger Straße 104
  90478 Nürnberg
  Tel. (09 11) 1 79-0
  Fax (09 11) 1 79-21 23

Landesarbeitsämter

- Landesarbeitsamt Nord
  Projensdorfer Straße 82
  24106 Kiel
  Tel. (04 31) 33 95-0
  Fax (04 31) 33 95-2 62

- Landesarbeitsamt Niedersachsen/
  Bremen
  Altenbekener Damm 82
  30173 Hannover
  Tel. (05 11) 98 85-0
  Fax (05 11) 98 85-3 80

- Landesarbeitsamt Nordrhein-Westfalen
  Josef-Gockeln-Straße 7
  40474 Düsseldorf
  Tel. (02 11) 43 06-0
  Fax (02 11) 43 06-3 77

- Landesarbeitsamt Hessen
  Saonestraße 2 – 4
  60528 Frankfurt a. M.
  Tel. (0 69) 66 70-0
  Fax (0 69) 66 70-4 59

- Landesarbeitsamt Rheinland-Pfalz/
  Saarland
  Eschberger Weg 68
  66121 Saarbrücken
  Tel. (06 81) 8 49-0
  Fax (06 81) 8 49-1 80

- Landesarbeitsamt Baden-Württemberg
  Hölderlinstraße 36
  70174 Stuttgart
  Tel. (07 11) 9 41-0
  Fax (07 11) 9 41-16 40

- Landesarbeitsamt Bayern
  Regensburger Straße 100
  90478 Nürnberg
  Tel. (09 11) 1 79-0
  Fax (09 11) 1 79-42 02

- Landesarbeitsamt Sachsen
  Paracelsusstraße 12
  09114 Chemnitz
  Tel. (03 71) 91 18-0
  Fax (03 71) 91 18-6 97

- Landesarbeitsamt Berlin/
  Brandenburg
  Friedrichstraße 34
  10969 Berlin
  Tel. (0 30) 25 32-0
  Fax (0 30) 25 32-4 99

- Landesarbeitsamt Sachsen-Anhalt/
  Thüringen
  Merseburger Straße 196
  06110 Halle
  Tel. (03 45) 13 32-0
  Fax (03 45) 13 32-5 55

Stichwortverzeichnis

Abgrenzungskriterium 37
Abmahnung 58
Abschlagzahlung 93
Abteilungsleiter 89
Arbeitgeberpflichten 19
Arbeitgeberrisiko 79
Arbeitnehmerüberlassung 9;
 illegale 14 f
Arbeitnehmerüberlassungsgesetz (AÜG) 9; 16 ff; Durchführungsanweisungen zum ~ 35 ff.
Arbeitnehmerüberlassungsvertrag (AÜV) 102 f; 114 f
Arbeitserlaubnis 31
Arbeitserlaubnisverordnung (AEVO) 49
Arbeitsförderungsgesetz (AFG) 48; 144 ff
Arbeitskampf 29
Arbeitsschutzvereinbarung 108; 116 ff
Arbeitssicherheit 97
Arbeitssicherheitsbelehrung 90, 99
Arbeitssicherheitsgesetz 54
Arbeitssicherheitsunterweisung 55
Arbeitsstelle, wechselnde 89
Arbeitsunfähigkeit 52
Arbeitsvermittlerverordnung 149
Arbeitsvermittlung, staatliche 142
Arbeitsvertrag 103 f; 110 ff
Arbeitszeitgesetz (ArbZG) 53
Arbeitszeitordnung (AZO) 53

Arbeitszeugnis, qualifiziertes 100
AÜG-Statistik 133
Ausbildung 95
Ausfalllohn 52
Ausfallzeit 105
Ausgleichsabgabe 64
Ausländerbeschäftigung 16
Auswahlverschulden 84
Baubetriebe-Verordnung 49; 58 ff
Berufsgenossenschaft 54; 117
Berufsgruppen, besondere 163
Beschäftigung, illegale 15
Beschäftigungsförderungsgesetz 50
Beschäftigungspause 92
Beschäftigungsverhältnis, befristetes 123
Betriebsarzt 55
Betriebshaftpflichtversicherung 84
Betriebskosten 106
Betriebsprüfung 133
Bewerberpool 141
Bewerbungsgespräch 93; 164
Bewerbungsunterlagen 163
Bundesanstalt für Arbeit 125
Bundesurlaubsgesetz 50
Bundesverband Personalvermittlung e.V. (BPV) 165
Bundesverband Zeitarbeit e.V. 48; 135 f
BZA 48, 135 f
Deutsches Institut Zeitarbeit (DIZ) 68
Dienstvertrag 45

Disponent 89
Disposition 104 f
Dispositionsaufwand 91
Eignung, persönliche 119
Einsatzbegleitung 90
Entgeltfortzahlung 112
Entgeltfortzahlungsgesetz 51
Entleiher 9
Erlaubnis der Bundesanstalt für Arbeit 12
Erlaubnis zur Arbeitnehmerüberlassung 98; 119 ff
Erlaubnisbehörde 22
Feiertag 51
Fluktuation 105
Franchisesystem 69
Garantielohn 52
Gehaltsgespräch 100
Gehaltspfändung 93
Geschäftsbedingungen, allgemeine 87
Gesundheitsschutz 53
Gewerbeaufsicht 16
Gruppenleiter 89
Head-Hunter 139
Internationaler Zeitarbeitsverband (C.I.E.T.T.) 66
Job-Vermittlung 123
Jugendarbeitsschutzgesetz 56
Kalkulation 106
Krankheitsfall 51
Kundenbetreuung 104 f
Kundenunternehmen 9, 10
Kündigung, außerordentliche 58
Kündigungsschutzgesetz 56
Landesarbeitsamt (LAA) 126; 169 f

Stichwortverzeichnis

Leiharbeit 9
Leiharbeitnehmer 88 ff.
Leiharbeitnehmer,
 nicht deutscher 31
Leistung, zusätzliche 98
Liberalisierung
 der Zeitarbeit 16
Lohnnebenkosten 82; 106
Lohnpfändung 93
Meister 89
Meldefrist 52
Meldepflicht 133
Meldung, statistische 133
Merkblatt der
 Erlaubnisbehörde 29
Merkblatt für
 Leiharbeitnehmer 126 ff
Mindesturlaub 51
Mitarbeiterbeschaffung 104
Mitarbeiter, interner 98
Monopol der Bundesanstalt 139
Mutterschutzgesetz 56
Nebentätigkeit, studienbegleitende 125
Niederlassungsleiter 89
Novelle des Arbeitsförderungsgesetzes 139
Ordnungswidrigkeit 32
Outsourcing 10
Personal-Leasing 9
Personalberater 139
Personalentscheidungsträger (PET) 105
Personalfachmann 101
Personalrekrutierung 160
Personalreserve,
 externe 79
Personalvermittlung
 10; 139 ff; private 142
Privatisierung der
 Stellenvermittlung 139

Qualifikationsnachweis,
 zeitlich begrenzter 96
Risiko, arbeitgeberseitiges 97
Scheinwerkvertrag 13
Schutzausrüstung,
 persönliche 87, 99
Schutzgemeinschaft Zeitarbeit e.V. (SGZ) 68; 138
Schwarzarbeit 15
Schwerbehindertengesetz 64
Sozialauswahl 57
Sozialversicherungsrecht 64
Spesen 99
Statistische Meldung 24
Stellenmarkt 92
Strafverfahren 15
Studentenvermittlung 124
Stundenlohn 106
Stundennachweis 81
Stundenverrechnungssatz 108
Subsidiärhaftung 85
Teilzeitarbeit 10
Territorialitätsprinzip 121
Überlassungsdauer,
 maximale 11
Überlassungsverbot in das
 Bauhauptgewerbe 13; 49
Übernahme aus einem
 Überlassungsverhältnis 99
Unbedenklichkeitsbescheinigung 86
Unternehmensverband
 der Zeitarbeit 48
Urlaubsabgeltung 51
UZA 48
Verdienstausfallprinzip 51
Vergütungsanspruch 97
Verlängerungsantrag 14

Verleiher 9
Vermittlungsbefugnis 144
Vermittlungsgebühr 94
Vermittlungshonorar 141; 161
Vermittlungsprovision 79
Versagung der Erlaubnis 18
Verwaltungs-Berufsgenossenschaft 54
Verwaltungskosten 106
Vorgesetzter 89
Weisungsbefugnis 89
Weisungsrecht 12
Weiterbildung 87; 95
Weiterbildungsmaßnahme 96
Werkvertrag 11 ff.
Zeitarbeitnehmer 70
Zeitarbeitsunternehmen 10; 100 ff
Zeitarbeitsvertrag 11 ff.

Das professionelle 1 x 1

Marketing, Werbung, Kommunikation, Verkauf – sie gehören zu den Faktoren, die den Erfolg eines Unternehmens mit bestimmen – bei jeder Firmengröße und in jeder Branche. Die Bände dieser neuen Reihe liefern zu griffigen Themen handfeste Informationen und Tipps. Nicht als bloße Rezepte, sondern mit knapper Theorie, umfassender Praxis, immer mit Beispielen und, wo es sich anbietet, mit Checklisten.
Angesprochen werden Anfänger/innen im Job, Selbstständige und auch alle, die sich in Akademien aus- und fortbilden und dafür praxisbezogen Literatur suchen.

BISHER SIND ERSCHIENEN:

Dieter Herbst
PUBLIC RELATIONS
1997. 180 Seiten.
Kartoniert. Mit teils farbigen Beispielen
24,80 DM
ISBN 3-464-490319

Joachim W. Steuck
GESCHÄFTSERFOLG IM INTERNET
1998. 176 Seiten.
Kartoniert.
24,80 DM
ISBN 3-464-49015-7

Mike Barowski
TEXTGESTALTUNG
1997. 176 Seiten.
Kartoniert. Mit zahlreichen teils farbigen Beispielen
24,80 DM
ISBN 3-464-49033-5

Jörg Brandt u.a.
AKTIV VERKAUFEN – BESSER VERKAUFEN
1998. 180 Seiten.
Kartoniert. Mit zahlreichen Beispielen. 24,80 DM
ISBN 3-464-49036-X

R. Llewellyn · A. Staar
ERFOLGREICH SELBSTSTÄNDIG
1997. 184 Seiten.
Kartoniert.
24,80 DM
ISBN 3-464-49029-7

Burkhard G. Busch
AKTIVE KUNDENBINDUNG
1998. 176 Seiten.
Kartoniert.
24,80 DM
ISBN 3-464-49041-6

Dieter Herbst
CORPORATE IDENTITY
1998. 176 Seiten.
Kartoniert. Mit teils farbigen Beispielen
24,80 DM
ISBN 3-464-49032-7

Gerhard Kunz
DIREKT MARKETING
1998. 176 Seiten.
Kartoniert. Mit zahlreichen teils farbigen Beispielen
24,80 DM
ISBN 3-464-49039-4